杨信
杨惠泽仪 著

祥瑞中國

俊京題

商務印書館
The Commercial Press

图书在版编目(CIP)数据

祥瑞中国 / 杨信，杨惠泽仪著. —— 北京：商务印书馆，2022
ISBN 978-7-100-20367-8

Ⅰ.①祥… Ⅱ.①杨… ②杨… Ⅲ.①图腾-传统文化-中国-画册 Ⅳ.①B933-64

中国版本图书馆CIP数据核字（2021）第188604号

版权保留，侵权必究。

祥瑞中国

杨信　杨惠泽仪　著

商　务　印　书　馆　出　版
（北京王府井大街36号　邮政编码100710）
商　务　印　书　馆　发　行
北京富诚彩色印刷有限公司印刷
ISBN 978 - 7 - 100 - 20367 - 8

2022年1月第1版　　开本 787×1092 1/16
2022年1月第1次印刷　印张 19
定价：168.00元

序

建筑是丰富且永恒的历史

于殿利

去故宫的人应该是奔着其历史，确切地说，是奔着发生在其中的人和事儿而去的，也应该是奔着过去只有皇帝及相关人员才能居住其中的金碧辉煌的宫殿而去的。无论中外，皇宫都是一种神秘的存在，从政治属性上讲，它是权力的象征，也是与皇权交织在一起的各种社会关系的汇集地，如今便成了历史和文化的见证。对于北京而言，众多的名胜古迹绝对可以称为北京的名片。名胜古迹的另一种说法就是各类古建筑，它们记录着北京丰富的历史，展示着北京多姿的文化。但要通过它们来了解历史、探寻文化，光凭走马观花、蜻蜓点水式地对古建筑进行浏览是不够的，杨信先生对北京古建筑的寻访，不仅为我们通过古建筑来了解北京的历史与文化，树立了良好的楷模，他的辛勤劳动成果，也为我们提供了有益的资料。

意大利著名历史学家和美学家克罗齐指出："艺术是一部有情的历史，历史也是一门有情的艺术。"我们说，一切历史都是艺术史。艺术无论就其狭义的理解——仅包括雕刻、绘画、建筑、诗歌、戏剧、舞蹈和音乐等方面，还是更宽泛的理解——包括人类在生产和生活中一切创造，尤其是有形的创造，因此包括生产工具和生活用具，它们都是人类创造活动的见证：见证着人类历史的开始，见证着人类种群的进化，见证着人类文明的演进。另一方面，艺术即历史。艺术就是创造，创造铸就历史。不是所有的过往都能被称为历史，只有留下痕迹、印记甚至堪称奇迹的，才能被称为历史。历史是创造出来的。历史是人民创造的，是广大劳动人民创造的，这是辩证唯物主义和历史唯物主义的基本观点和根本立场。从简单的生产工具，到如今可以上天入地的神器；从原始的茅草屋，到如今高耸入云的摩天大楼；从原始壁画上的简单符号，到

在泥板上刻写连篇铭文，再到如今动辄便过百卷的鸿篇巨制，如此这般的艺术成就，无不充满激情和能量地铺就着人类坎坷的创造之路，书写着人类不凡的创造历史。

艺术具有很强的地域性、民族性和时代性，换句话说，不同的地域，不同的民族和不同的时代，拥有不同的艺术。这源于不同的时空赋予不同的生命（民族）以不同的营养，艺术便是不同生命（民族）对宇宙万物和世间人情的不同感悟及其表现。艺术即生命，艺术的多样性，诠释着生命的多样性，诠释着人类生命进化的多样性。在这方面，建筑艺术无疑最具感受性，因此也最具代表性。世界上各民族都以自己独特的建筑艺术形式，书写着各自的历史。不仅东西方建筑材料、建筑形式、建造技术和建造方法迥异，东方的各民族无论是东亚的中、日、韩，还是南亚的印、马、泰，还有西亚的诸国家，西方的古希腊和古罗马，中世纪和近现代，不同的建筑都诠释着不同的历史和文化。

中国的传统建筑是中华民族奉献给人类的独特的创造智慧，它们同时以独特的形式保存着中国独特的历史文化。建筑材料是大自然的恩赐，但无疑也体现着中华民族感悟和利用自然的能力，不同时期、不同民族所采用的不同建筑材料，无不体现着天赐资源与人类智慧的完美结合；不同时期、不同民族的不同建造方法，更是清楚无遗地昭示了中华民族的伟大创造。然而，建筑的历史文化价值不仅在于建造本身，更在于建筑的功能价值，以及为此所进行的内部和外部的装饰上。在这方面，北京作为几千年历史名城和著名古都，其建筑应该无可争议地进入最具代表性之列。

杨信和杨惠泽仪所著《祥瑞中国》选择北京的建筑，从建筑艺术的视角来阐释北京的历史与文化，无疑是普及京都文化的最好方式。然而，我感觉比普及文化更具意义的是，它倡导一种学习历史与文化的新方法。其一，建筑艺术具有得天独厚的讲故事的天赋，它集故事的三要素——时间、地点和人物于一身。北京的传统建筑在把历史上的大人物和大事件招揽己身方面，表现得最为突出，《祥瑞中国》也很好地利用了这个优势，用建筑把北京的传统故事讲得生动、有趣。其二，以动植物来装点、装饰甚至营造建筑和建筑群，是北京和中国传统建筑的一大特点，这一点与西方的教堂和城市广场建筑更喜欢采用人物雕像和神像（也是人身），形成了鲜明的对比。《祥瑞中国》无论是对故宫还是对北京其他建筑的解读，在这方面着力最多，让读者能够享受阅读乐趣的同时，还能真切地感受到建筑文化的丰富性，它细致地表现出了中国传统文化对天、地、人关系的理解，展现出了人作为天地万物之灵与其他生命（动植物）的关系，引发人们对生命和生态更多的思考。其三，作者杨信在建筑艺术之上，叠加了摄影艺术与绘画艺术，他以自己亲身的拍摄经历，然后把拍摄成果转化成绘画艺术，用摄影艺术与绘画艺术的优点，加持了建筑艺术的历史文化价值，更容易让读者感同身受，产生共情效果。无论是摄影艺术，还是绘画艺术，都不是简单的复制或模仿，而更是一种创造性活动。细微的观察、细节的表现和细致的描绘，不仅体现出的是作者对北京建筑及其历史文化的理解，更显示了作者对北京深厚的情感，对北京建筑的喜爱，以及对艺术追求的执着。观察、兴趣、情感和执着，是我们做任何事都离不开的，甚至可以说是青少年成长道路上的必不可少的燃点。

  关于艺术，似乎总有说不完的话语，对于弘扬中国传统文化，尤其是以艺术的方式讲述中国传统文化的故事，我自己是绝对的外行，但愿意对所有在这条不寻常道路上前行的人们，表达由衷的敬意。吴良镛院士曾经指出："近代、现代与当代中国建筑的发展过程，无论我们承认与否，实际上是一个由最初的'西风东渐'，到逐渐地与主流的西方现代建筑发展趋势相交汇、相合流的过程。"中国现代建筑的千城一面、西化明显以及风格缺失的状况，已经并仍在让我们的民族文化、城市性格和创造精神在建筑中迷失，再联想到同样最能展现民族文化，却同样西化的中国传统服饰的迷失状况，建设具有中国特色的现代建筑文化和服饰文化等具有标志性符号价值的文化，应该成为我们新时代面临的艰巨任务和努力的方向。习近平总书记指出："以史为鉴，开创未来。"中国传统建筑文化会给我们提供丰富的营养，所有愿意为传播中国传统建筑文化辛勤耕耘的人们，会给我们提供源源不断的动力，古今融合、传统与现代融合的建筑理想和风貌，值得期待。

  有感而发，诚不敢当之称序。

 自　序

祥兽是东西方文化交融的使者

喜爱"狮子",还得从北京说起。三千多年的建城史,八百多年的建都史,造就了北京城三千多条的大胡同和多如牛毛的小胡同。胡同里四合院每家门前都有门墩儿,无论是箱墩儿还是鼓墩儿,小狮子都安静地蹲在上面,终日守护着院子里的主人。北京是元、明、清三个王朝的建都之地,荟萃了中国古代社会建筑中的祥兽大成。中国帝王公侯的陵寝、宫殿前都缺不了狮子,它也成了帝都的标志。明清时期,雌雄成对的守门狮双双蹲坐在门前,雄狮戏绣球象征权势和一统,母狮抚弄小狮子象征子嗣昌盛祥和。狮子的形象被官阶、权力、等级文化含义附着了。后来狮子的形象逐渐世俗化,除了宫殿府邸,连私宅园林门前也设置了守护狮。

在欧洲,狮子是百兽之王,象征勇猛、力量、统一寰宇和无上权力。在古埃及,狮子是战神力量的化身,法老哈夫拉把自己和斯芬克斯的形象混合起来塑造出了狮身人面像。法国民间传说《狐狸列那的故事》里的国王就是狮子,法国寓言家拉·封丹塑造的动物君主也是狮子;古希腊《伊索寓言》里的动物君主还是狮子;俄国寓言家克雷洛夫将沙皇比作狮子;理查一世因勇猛被称作狮心王,英国国徽上也有狮子图案。

中国的石狮子是皇室王权的象征,清工部《工程做法则例》中对守门狮有严格的规定:一品官员门前石狮的狮头要有13个卷毛疙瘩,俗称十三太保;一品官员以下门前石狮的卷毛疙瘩逐级递减,七品官员以下门前摆石狮即为僭越。帝都北京以故宫天安门(承天门)前明代大石狮2对4尊汉白玉石雕为最,头顶都刻以13个盘旋的卷毛疙瘩,是全国"狮子"最高规格的典范。

中国自古以来就有一种祥瑞文化,祥瑞,又称福瑞。儒学认为祥瑞

是表达天意、对人有益的自然现象，像彩云、风调雨顺、地出甘泉。而龙、凤、麒麟、甪端、獬豸、谛听等一系列上古神兽，大多在现实世界中并不存在，人们综合动物世界中的各种形象，加以臆想创作，使它们成为一种贯穿华夏文明的吉祥符号。

自从狮子传进中国后，由于其在日常生活中难以见到，加上本身威武的形象很具权势，于是便成了祥兽最佳的摹本。其形象在历朝历代帝王臆想中变得丰富多彩：在狮子的肩上增添一双飞翔的翅膀，或在狮子的头上饰以单角或双角，或在狮身上饰以云纹和火焰纹。以狮子为模本的祥兽，则有麒麟、辟邪、天禄、扶拔等，最具代表性的就是狻猊。

五千年的文明史中，这些祥兽不断被艺术加工整理，并被建造于官府的建筑中，希望起到祛邪、避灾、祈福的作用。北京是历史古都，传承了中国古老的神兽文化，这些形形色色的神兽在都城的建筑、雕塑中腾跃着矫健多姿的身影，也形成了帝都特有的文化图腾。

天安门的石狮子、皇极门外的九龙壁、养心殿的甪端、大通桥的镇水兽……这些代表吉祥如意的神兽也是古都文化重要的组成部分。神兽多以石刻、砖雕、木雕、铸铜为主，造型及色彩记录了每个朝代的工艺。研究传统文化应当从细节入手，这些遗存在世的神兽见证了中国传统文化的变迁，更多的则是为了祈求国家风调雨顺、国泰民安。

2019 年 12 月 7 日

目 录

第一章　御用的尊严　001
 中国第一大神兽：太和门前的铜狮　004
 太和殿前的铜器　006
 记载着故宫"耻辱"的铜缸　017
 故宫太和殿的吞脊兽　018
 唯一拥有十只脊兽的故宫太和殿　020
 "不听"的狮子在故宫乾清门前　034
 鸱吻：承乾宫脊上的神兽　036
 承乾宫的门墩与梨花：皇贵妃的门面　038
 延禧宫外墙简约的雕花　039
 储秀宫铜鹿是慈禧一生的爱　041
 储秀宫是唯一有龙的后宫　042
 御花园：皇家园林之精品　044
 跪象：御花园最后一对神兽　055
 獬豸：御花园天一门前的法官　057
 北京有两座九龙壁　058
 鎏了重金的狮子在故宫宁寿门前　063
 故宫宁寿宫里的"太平有象"　064
 倦勤斋是乾隆打算用来养老的院子　066
 皇极殿是故宫里的"养老院"　068
 椒图：龙生九子之一　069
 盆景：乾隆花园之最爱　071
 养心殿看门的狮子最精细　073
 蜥蜴出现在慈宁宫绝非偶然　074

故宫慈宁门前的瑞兽麒麟	076
甪端：万岁爷身边的通讯员	078
紫禁城内触景生情的断魂桥狮子	081
景仁宫门前的狴兽是周桥的遗物	082
故宫里的佛像	084
故宫神秘的雨花阁一直没开放	087
石别拉：故宫的报警器	088
御猫：故宫600年留下来的神兽	090
故宫里的骆驼	094

第二章　太平的盛世　　095

犼：天安门华表上食龙的蹲兽	098
明末，承天门前的狮子"负伤了"	099
正阳门的狮子"牙黑了"	100
社稷坛有两只宋代的狮子	102
呆萌的狮子在寿皇殿门前	104
九爷府的狮子比天安门的狮子还大	106
忠诚的狮子还在守护着豫亲王府	108
卢沟桥的狮子数不清	110
中国第二大瑞兽：颐和园仁寿殿麒麟	112
"皇家第一门墩"在颐和园仁寿门	114
大清无处不在的"寿"：颐和园仁寿殿	115
光绪禁足的地方：颐和园宜芸馆	117
狴兽麒麟在寿皇殿前九举牌楼上	118

太庙：皇帝家的宗庙	120
高端大气上档次的北海公园	124
替代广寒殿酒瓮的石座在法源寺	130
雍和宫的钟纽：蒲牢	132
"落泪的旗杆"在雍和宫里	133
乾隆家的青铜狮子更精细	134

第三章　金木水火土　135

金位：大钟寺	138
钟楼有段悲伤的传说	140
黄木场：北京永远缺失的木位	142
玄武藏在故宫钦安殿内 300 年	144
故宫钦安殿幡夹石的升龙与降龙	146
皇家道场钦安殿的石兽保存最好	148
颐和园镇水兽：铜牛	150
火位：永定门外燕墩	152
土位：景山	154

第四章　民间的信奉　157

智化寺造像	160
六拏具出现在等级最高的佛塔上	167
五塔寺护塔	176
藏汉合璧的西黄寺清净化城塔	193
释迦牟尼守护神像：金刚力士	196

守卫清净化城塔的朝天犼	198
清净化城塔的跑狮	199
佛教水盘里的祥瑞	200
吉庆也有余	218
豪华的石鼎香炉在五塔寺	220
识文断字的神兽：负屃	222
稳固一方水土的神兽：赑屃	225
文殊菩萨的坐骑：青色狮子	227
去美国参展的麒麟	228
跪羊是镇墓祥兽	230
石虎：百姓身边不可缺少的神兽	232
白云观：全真道教第一丛林	234

第五章　运河与神灵　　237

白浮泉：大运河的源头	240
颐和园荇桥有站立的镇水兽	243
大运河第一道水闸上的镇水兽	244
畅观楼行宫成了动物园	247
高粱桥是座有故事的桥	248
后门桥趴蝮是龙王的儿子	250
东便门外大通桥遗存的蚣蝮	252
通惠河：北京人生存的命脉	254
通惠河上永通桥	256
八里桥是座不能忘记历史的桥	259

土桥是真的有桥，蚣蝮蹲守了600年	260
张家湾萧太后古桥还是当年的遗迹	262
难见一面的蚣蝮真容	264

附录　残缺依然美   265

   圆明园远瀛观遗存　　268
   圆明园海晏堂石雕　　270
   圆明园西洋楼石雕　　272
   圆明园铜仙承露台　　274
   圆明园方外观石雕　　276
   圆明园谐奇趣石雕　　278
   圆明园大水法翻尾石鱼　　280
   附：致巴特雷上尉的信　　282

后　记   285

第一章 御用的尊严

在紫禁城宁寿宫皇极门外，有座华丽的九龙影壁，龙是天子的象征，九条龙腾空飞舞，气势如虹。然而，在紫禁城里不是每一种神兽都可以谋得一席之地。故宫在不同方位摆放的祥禽瑞兽，不仅能镇宅化煞、驱邪迎祥，几百年来期盼那金瓯永固、福寿延年的朝代。龙、凤，在中国传统文化中是权势、高贵、尊荣、吉祥的象征，又是幸运与成功的标志。颐和园仁寿殿前摆放的铜龙、铜凤姿势又多了许多俏皮。故宫御花园内的鎏金铜象，前腿跪的姿势很有趣，装束又与皇帝"法驾卤簿"中的宝象非常相似，跪立于御花园北门内，亦有接驾礼仪之寓意。长陵屋顶的螭首，圆圆的鼻子看着都有些呆萌；就连故宫太和殿上的鸱吻，都煞有介事地用镀金的链子拴住，生怕它能逃走似的。

随着佛教传入，狮子又成为一种被赋予了神力的灵兽，权贵阶层很好地运用了狮子威猛的气势降魔驱邪，护法镇宅。狮子在百兽中的高贵气质和威严的王者之风，彰显出统治者的霸气。

太和门，在明代是御门听政的场所。所谓御门听政，就是皇帝在此接受臣下的朝拜和上奏，颁发诏令，处理政事。因此，太和门前青铜狮子的耳朵便是竖起来的，似乎警惕闯入官的不速之客。另外，官府前石

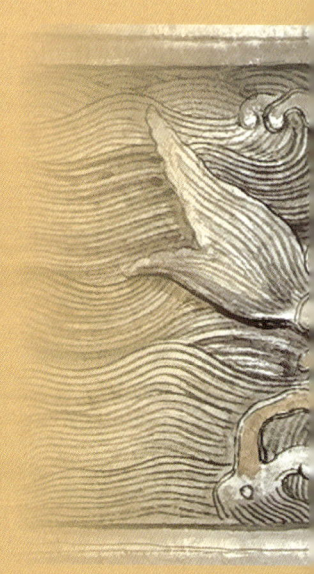

狮的头上所刻之疙瘩,以其数之多寡,用来彰显主人地位之高低。13为最高,即一品官衙门前的狮头上刻有13个疙瘩,称为十三太保;而皇帝是"九五之尊",紫禁城太和殿护卫皇权的铜狮头上的疙瘩就得是45个。

穿过故宫三大殿到了乾清门,两尊铜狮的耳朵则变为耷拉状,寓意后宫的人不该听的不许听,不该问的不许问。同样的神兽因摆放的位置不同,表达的意思也不同,这就是"御用的尊严"。

纵观一系列皇家独有的神兽,无论是在宏伟的紫禁城里,还是在许许多多的皇家园林里,它们的身影都出现在各处。在紫禁城古建筑群中,以瑞兽为主题材的吉祥陈设或装饰纹样随处可见,它们被安排在宫廷的各个角落,统治者认为这会带来吉祥、喜庆、富贵、平安。

这些彩绘斗拱、檩枋、石刻门鼓、室内外陈设、屋脊装饰,以及门窗、牌匾、石雕、砖雕、木雕等装饰形象,或为象形,或为谐音,或为民间神话故事、传说、典故等,将祥瑞思想转变为皇家吉祥如意、福寿富贵等世俗化的吉祥观念。

中国第一大神兽：太和门前的铜狮

狮子，作为中国人的镇宅神兽由来已久，千百年来，一直是守护人们的瑞兽，是平安的象征。威武雄健、高贵优雅的狮子也被历代帝王将相奉为护国镇宅之宝。

故宫外朝，有一对大铜狮摆在太和殿门前，堪称中国第一大神兽，象征"东方醒狮"。这对铜狮，造型威武，具有咄咄逼人的刚猛无俦之势，是紫禁城里体量最大的一对。

故宫里置放了6对铜狮子，分别位于太和门、乾清门、宁寿门、养性门、养心门和长春宫。其中5对都是鎏金铜狮，唯独太和门前这对是紫禁城里唯一没有鎏金的。铜狮是清乾隆年间铸造，外形呈金字塔形，铜狮高2.36米，前后长2.4米，基座总高2.04米，其中狮子基座高0.7米，总高4.4米。

据《钦定日下旧闻考》载："太和门，九间三门，重檐，崇基，石阑，前后陛各出三，左右陛各出一，门前列铜狮二。"铜狮头顶螺旋卷毛（螺髻）排列疏密整齐，舌头顶着上颚，张嘴露牙似在咆哮；胸前绶带上雕花精美，前挂銮铃肩挂缨穗，肢爪强劲有力；前肢后肘有三团卷毛，后背有锦带盘花结，狮尾向内甩翻呈卷花状。

雄狮挺胸，右前爪下有一个缠绕绶带的镂空绣球，象征着寰宇置于掌控。雌狮低视，左前爪下逗弄幼崽，幼狮仰面朝天，口含雌狮爪尖，十分有趣，寓意子嗣昌盛。威猛的雄狮含带一丝顽皮，雌狮则显示至上的母爱。

铜狮有两层底座，上层为与狮身连在一起的方箱式铜底座，下层为汉白玉须弥座。铜座上的纹饰雕铸得非常精美，表面光洁无痕，造型流畅生动，应是采用古代失蜡法整体铸造而成。

汉白玉须弥座长约2.2米，宽约3.0米，高约1.4米，四个面上刻有行龙（上下枋位置）、八达马（梵文，意为莲花瓣，位于上下枭）、椀花绶带（束腰位置，寓意江山万代，代代相传）、云纹（圭角位置）等精美图案。

第一章 ｜ 御用的尊严

按照故宫太和门前铜狮所绘

太和殿前的铜器

故宫太和殿,是皇帝举行大典的地方,皇帝即位、生日、婚礼、元旦等宫廷大典都必须在这儿庆祝。

太和殿宽大的月台上,摆放着仙鹤和龙头龟。太和殿前陈列的这两对铜龟、铜鹤,腹部是空心,的当举行诸如皇帝登基大典、册立皇后、颁布诏书等重大典礼时,文武百官跪候在太和殿前,会在18只铜鼎炉与铜龟、铜鹤身体里同时焚香,香气弥漫出来,似天宫笼罩在仙气之中,象征皇权永固,万寿无疆。

铜龟、铜鹤、日晷、嘉量,这四件陈列,在其他皇家园林庭院里也见得到,但都没有像太和殿前这样四样俱全、集权贵意义于一处的。它们除了具有特定的象征意义外,同时也是一件件独立的小品,成为供人观赏的皇家工艺品。

这些铜质瑞兽出自宫廷造办处的精心制作,铸工精整,表面还以精细的錾工刻画,像动物绒毛等细微之处皆一凿一凿锻打而成,清晰逼真;鼻、眼、耳等重点部位,及鼻上和颈部皱褶皆表现十分细腻,不见一丝马虎,展现出独步天下的工艺。

冒烟儿的"神龟"

相传龙头龟是龙生九子中的第九个,是富贵长寿的瑞兽,是皇家常用的风水镇物之一。

龙龟,代表着荣誉和地位,是能耐、负重、长寿、权威的象征。因龙和龟均有极强的驱邪避灾的效果,所以它不仅是力量最足,还是驱邪避灾最有效的瑞兽。在中国,历代皇家都喜欢用它作为歌功颂德的碑、鼎等的基座,意为避灾驱邪,江山稳固。

龙龟很早就与龙、凤、虎合称为代表天下四个方向的神兽,即前朱雀、后玄武、左青龙、右白虎。龟也称为玄武,代表北方之神。太和殿前的龙头龟却卸掉了身上的重负,蹲在高高的须弥座上,抬着头,张着嘴,仰视青天,一副得意的神态。

铜龟下面的须弥座,采用了与标准形式不大相同的式样,打破了须弥座原来几个部分相互组合的常规,取消了上枭和下枋,把圭角加高了,束腰被大大地压扁了,剩下的几个部分经过适当的组合形成新的基座,看上去很稳妥且有新意。

由于年代久远,太和殿前丹陛上的铜龟颜色深沉,显然内蕴天地精华,历经风雨不但不锈蚀,反而宝器孕润,仿佛就是历史的色泽。

第一章 ｜ 御用的尊严

按照故宫太和殿前龙头龟所绘

祥瑞中國

按照故宮太和殿前的仙鶴所繪

仙鹤是古代帝王家的神兽

鹤,是一种鸟,色多浅白,腿高嘴尖脖子长,头顶上带有一点红羽毛的即属名贵的丹顶鹤。古代也把鹤当作一种长寿的仙禽,表示着吉祥和长寿之意,仙鹤代表一种"成仙"的愿望,在道教和佛教典籍中,仙人一般都是驾着一只鹤西去的。所以自古就有"鹤寿千岁,以极其游"之说。

太和殿前的铜鹤、铜龟,都是张着嘴的,昂首向前;而坤宁宫前的铜鹤、铜龟,都是伸着头、闭着嘴的。太和殿门前的鹤是长有尾巴的,而乾清宫前的仙鹤是秃尾巴的。这就是阴阳哲学作用下的雌雄区分。因为前殿——上朝的地方为阳,后殿——内厅就是阴,哪怕是在动物的造型上。

明清时期一品文官的官服补子就是仙鹤,仙鹤在古代更是"一鸟之下,万鸟之上",地位仅次于凤凰。同时它素以喙、颈、腿"三长"著称,为羽族之长。

在太和殿里皇帝宝座前两侧也有四对陈设:宝象,象征国家的安定和政权的巩固;甪端(lù duān),是传说中的吉祥动物;仙鹤,象征长寿;香亭,寓意江山稳固。以此祈求得到各路神兽的庇佑。

寓意18个行省的铜鼎炉

太和殿，是故宫最高等级的宫殿。汉白玉台基上安放的青铜鼎炉，其实就是香炉，因为它们是模仿周朝的"鼎"造的，所以叫鼎香炉。

在太和殿三层丹陛石台上共摆有18个香炉，其实就是寓意着清朝有18个行省。每当举行国家大典时，在香炉腹部装上香料并点燃，香炉就会一起散发出缕缕青烟，使太和殿显得更加神秘而庄严。

太和殿，就是民间所说的金銮宝殿，是康熙年间重建后才改叫太和殿的。明清两朝24个皇帝都在太和殿举行过盛大典礼——皇帝登基、迎娶和册封皇后；阴历的各种重大的节日；派将出征、国家颁布历书、皇帝钦点状元；祭祀天地等。

大典时，午门前钟鼓齐鸣，太和殿广场旌旗招展，烟雾缭绕，如同云霭；大臣们在引领下按官职等级排列站班，总共是18班（明清两朝官职级别称为"六部九卿"，加上副职就是18个级别）。典礼在司鸣官三声鞭响中开始，太和殿前的月台上乐队奏起中和韶乐，皇帝在吉祥的乐曲和祥瑞的云霭中升殿，大臣们行三拜九叩大礼，山呼万岁。

皇帝被称为"天子"，天的儿子，那是上天派他来统治人间的，用个文雅的词那就叫"皇权神授"。当年大文豪郭沫若先生有一首诗形容："此处渐近天庭地，静心可闻风雷声；多少兴亡玄秘事，尽藏深宫不言中。"

第一章 | 御用的尊严

按照故宫太和殿前铜鎏金鼎炉所绘

故宫里的钟表：日晷

故宫太和殿外台基上，有座受万人仰望的日晷，深受王公大臣和至高无上皇帝的青睐。与太和殿这个硕大的日晷比较起来，午门外那座日晷，因为是在宫外，就显得平易近人多了。午门外日晷的形制，与太和殿日晷极为相像，只是方石座、石案没有那么厚，腿儿也没有那么粗、那么长。

日晷，本义是指太阳的影子，是古代人利用日影测得时刻的一种计时仪器，又称日规。其原理就是利用太阳的投影方向来测定并划分时刻，这项发明被人类沿用了上千年之久。

日晷通常由铜制的指针和石制的圆盘组成。铜制的指针叫作晷针，垂直地穿过圆盘中心，起着圭表中立竿的作用。因此，晷针又叫表；石制的圆盘叫作晷面安放在石台上，呈南高北低，使晷面平行于天赤道面。这样，晷针的上端正好指向北天极，下端正好指向南天极。

故宫的日晷不只是这两座。在北边的乾清宫、坤宁宫，东北的皇极殿、养性殿、颐和轩，西边的养心殿、慈宁宫等建筑物前，都有它们的身影。这些日晷，除了个头略有区别之外，支柱的横断面的最上端和最下端都基本为方形，以便分别同方案和基石连接。总之，尽管都是石质构件，却显得很花哨，也并不单调。其中，养心殿和养性殿的日晷样式几乎完全一样，观读起来倒也非常方便。

有趣的是这些日晷错落有致，坤宁宫、乾清宫、太和殿的日晷，从北到南分布在一条直线上，平行于北京中轴线。如果把午门外西边的日晷和东边的嘉量对换一下位置（像其他宫殿一样，放在左前方），就成了"四晷一线"。同样，东边的皇极殿、养性殿、颐和轩的日晷，也分布在一条直线上，平行于北京中轴线。

坤宁宫、乾清宫同处内廷，是皇帝、皇后居住和处理政务的重要场所，它们的日晷相距也就100米左右，凭借乾清宫东端留出的避雨通道，二者遥相守望，眷顾有加。这是匠心独运的蓄意安排，还是偶然巧合，倒非常值得玩味。以上日晷，是参观者很容易看到的，至于目前不易见到的（尚未正式对外开放的宫殿），以及600年的故宫历史上曾经有过的，就更难以计数了。即使如此，单说这9座日晷，在一个院落里完整地聚集如此多的实物，在中国，乃至在世界上恐怕都是唯一。

第一章 | 御用的尊严

按照故宫坤宁宫日晷所绘

祥瑞中國

按照故宫太和殿前嘉量楼所绘

嘉量是朝廷立的规矩

中国，是以粮食为核心的农业大国。粮食按照什么标准来计算呢？那便是故宫中的嘉量。天子以皇权统一了这种测量单位，让百姓信服。

古代的标准量具，从大到小依次为：斛、斗、升、合、龠。王莽篡汉后，改国号为"新"。为了统一全国的度量衡，特别在始建国元年（公元9年）命人依照当时的大学者刘歆的考订，铸造了量器，目的是以它作为全国各地称量五谷等容器的标准。因此以青铜铸造，以示传之久远，永垂典范，并且定名为嘉量。

乾隆初年，有人将一件东汉时期叫作新莽嘉量的东西献给了乾隆皇帝。乾隆认为此乃天意，应当在宫中安设。于是，以新莽嘉量为依据，参考唐太宗时期方形嘉量样式，于乾隆九年（1744年）制造出两个方形和两个圆形嘉量。乾隆皇帝把其中两圆一方三件嘉量，分别置于故宫午门、太和殿、乾清宫。太和殿前为方形嘉量，铜制，置于石亭中，象征国家的统一和集权，也就是皇家立的"规矩"。余下的那只方形嘉量，于乾隆十三年（1748年）派人送到盛京，陈设在了沈阳故宫崇政殿前。

太和殿嘉量器表铸 216 字的铭文，详细地记述了铸器的缘由，以及各部位的容量及尺寸等。全器一共分作五个量体，中央之圆形主体，上部为"斛"，下部较浅者为"斗"，右耳为"升"，左耳上部为"合"、下部为"龠"，在度量时要反转过来才能使用。

太和殿月台的东南角，置放着石构件日晷；西南角，对称置放着内装嘉量的石亭子，也叫嘉量楼。它们均采用汉白玉"艾叶青"石雕刻而成，通体洁白无瑕、造型别致，与周围金碧辉煌的宫殿建筑群相映成趣、相得益彰，昭示着皇权至高无上，并象征着天地统一，江山永固。

祥瑞中國

按照故宫太和殿西侧鎏金太平缸所绘

记载着故宫"耻辱"的铜缸

在故宫一些大殿前、庭院中都摆放着一个个大金属缸,这些大缸腹宽口收、容量极大,而且装饰精美,两耳处还加挂着兽面铜环。据《大清会典》记载,宫中共有大缸308口。但世事沧桑,如今只剩下了231口,这些大缸共分为铁、铜和鎏金三种。宫中设置铜缸,初意是用来防火,被誉为"吉祥缸",但其实际存在的价值绝不仅仅局限于消防,它还是不可或缺的陈列品。

清代宫中陈设"吉祥缸"的质地、大小、多少都要随具体的环境而定。鎏金铜缸等级最高,因此要设列在皇帝上朝议政的太和殿、保和殿两侧,以及用于"御门听政"的乾清门外红墙前边。在后宫及东西长街,就只能陈设较小的铜缸或铁缸了。

在清代,宫中的铜缸由内务府统一管理。每天清早,内务府官员便命令苏拉(杂役)从宫中井内汲水,一担一担地把所有大缸灌满,以备防火之用。到了小雪季节,太监又要在铜缸外套上一层特制的棉套,上面再加上厚厚的缸盖保温;同时,铜缸下面的汉白玉石基座每日还要放置一盆炭火,并保证其昼夜不息地烧着。这样,通过双重保暖措施,防止缸内的存水结冰。水缸保暖工作,一直要持续到第二年惊蛰后才算结束。

明清时期建造这些大缸耗费了相当大的物力、财力。拿鎏金铜缸来讲,整个工艺非常复杂,首先在金属器物表面涂上金和水银的合金,然后进行烘烤,使水银蒸发,将黄金留下来。目前故宫中尚存的18口鎏金铜缸,虽已部分破坏,但个个仍然金光灿烂,光彩夺目,华美无比。

据乾隆年间《奏销档》记载:口径1.66米的鎏金铜缸约重1696千克,仅铜缸制造约合白银500多两,再加上铜缸上的100两黄金,铸造耗费白银1500两。

1900年,八国联军入侵中国,在紫禁城中进行了大肆掠夺。掠夺中,许多匪徒用刺刀刮削鎏金铜缸上的鎏金,致使太和殿两侧大缸上留下了累累刀痕,也永远记录下这一悲惨的遭遇。

故宫太和殿的吞脊兽

吞脊兽是象征皇权的兽形动物，也叫大吻，即殿宇顶上正脊两端的吻兽。目前中国最大的吞脊兽，在故宫太和殿的殿顶上。

大吻一般有两种形式，一种是龙形，多称龙吻、鸱（chī）吻，面饰龙纹，四爪腾空、龙首怒目、张口吞住正脊，背上插着一柄宝剑，是等级最高的宫殿、庙宇的配置；另一种是望兽，头带两角，目视远方，用于较低一级建筑上。

明清时，民间神兽变化为皇家、官府所独享，有些兽头只有皇帝的宫殿才准许使用。宫殿的等级不同，兽头的大小、数量、装置方式也各不相同。本来来自自然的形象，到了帝王那里就加了天道、人道的说法。皇帝是天子，皇帝的宫殿是天子的宫殿，天子宫殿上的兽头就叫了大吻。

康熙三十六年（1697年），重新修建被大火烧掉的太和殿。大吻的构件烧制好后，康熙皇帝特派重臣到窑厂恭迎，仪式上要如同迎接他自己一般。因为这两个大吻的地位确实太重要了，它们处于天下最核心、最重要的故宫里的顶级建筑的制高点上。在至尊至荣的太和殿最高处，它们也绝非是一般的建筑构件。

迎接回来的大吻，是天下最大的吻，威严的兽头，上承天、下通地，是天地与皇帝天人合一之吻。在康熙皇帝心里，实实在在祈望它是能降雨防火的神兽。它把守着那条长长的、直直的、高高的太和殿正脊，是比正脊还要先触摸云天的吞脊兽。

鸱吻上的剑把儿外形也有朝代的区别，明代剑把儿外形为宝剑剑柄，剑柄的上部微微向龙头方向弯曲，顶部做出五朵祥云装饰。相传，这把宝剑是许逊（239—374年，晋道士。字敬之，汝南人，宋代封为"神功妙济真君"，世称许真君或旌阳）的。鸱吻背上插许逊的剑有两个目的：一个是防鸱吻逃跑，取其永远喷水镇火的意思；另一个是传说那些妖魔鬼怪最怕许逊这把扇形宝剑，取避邪之用意。

自从两个大吻安置在这个位置上，它们就纹丝不动地在这值守，没人惊扰过它们，就连靠近它们都不可能。站在太和殿广场抬头仰望，任凭你怎么想，也想象不到那大吻到底有多大。直到310年后太和殿大修，才把它们从与天相接的地方请到地面上来，人们终于看清楚了这个由13块琉璃构件组成、高达3.4米、重达4.3吨的庞然大物。

第一章 | 御用的尊严

故宫太和殿上最大神兽
庚子春月吉日

按照故宫太和殿顶端的吞脊兽所绘

唯一拥有十只脊兽的故宫太和殿

骑凤仙人

故宫的很多屋顶（宫殿的垂脊）上都会趴着一群造型可爱的神兽，而在靠近垂脊最边缘处，都有一个骑着凤凰的仙人，俗称骑凤仙人。这位最引人注目、引领众神兽的仙人，到底是何方神圣呢？对于骑凤仙人的解读，很可能是一个永远的谜团。

关于骑凤仙人是谁，从古至今有着很多的说法，其中流传最广、可信度最高的就是说他是战国的齐湣王。传说，齐湣王登基后，由于骄纵自大、喜欢享乐，导致君臣不和。他穷兵黩武，一门心思就想攻占各国，结果招来其他国的集体讨伐。兵败后一路向西逃窜到了渭水，但河水湍急无法渡河。前有大河，后有追兵，齐湣王已经无路可走了，正要拔剑自尽，突然天上飞来一只巨大的凤凰，驮着齐湣王渡河而去。

后来的皇帝们就把齐湣王骑凤而去的故事雕在了自家的屋檐上，希望自己在遇到危险的时候，也能像齐湣王一样逢凶化吉、遇难呈祥。

骑凤仙人另外的解释，是说那是《封神榜》里姜子牙的小舅子。听起来有些不着边际，但是进一步解释，会觉得还有点道理，并且会对这位骑凤仙人另眼相看。说这个小舅子想攀附妹夫姜子牙的关系，以求高升。但姜子牙知道小舅子才华有限，便悉心教导他："你现在官位已经到顶峰了，想再往前走恐怕就会掉下去。"于是后人就塑造了姜子牙小舅子这一骑凤仙人形象，警诫官员要适可而止。

除此之外，还有的人认为骑凤仙人就是姜子牙本人，坐在紫禁城屋檐上俯瞰众生，监督众神尽职尽责。这种说法倒是更符合统治者的用意。

据《钦定大清会典则例》载，宫屋脊仙人后面跟着龙、凤、狮子、天马、海马、押鱼、狻猊、獬豸、斗牛和行什十只异兽，象征着皇权的至高无上。民间有个顺口溜，生动描述了太和殿屋顶上的动物们："一龙二凤三狮子，天马海马六押鱼，狻猊獬豸九斗牛，最后行什像个猴儿。"

汉族宫殿式建筑有上脊五条，指大脊（正脊）及四条垂脊，大脊两端有龙吻，四条垂脊排列着五个蹲兽，统称五脊六兽。其实，这里的几个小神兽也经常"插队"，比如天马和海马的位置经常互换、狻猊和押鱼的位置也可以互换。

第一章 | 御用的尊严

故宫屋顶上
骑凤仙人 乙亥夏至
瑞信并识

按照太和殿垂脊上的骑凤仙人所绘

第一位：龙

中国古建筑屋顶的样式，有严格的要求，其中庑殿顶和歇山顶等级最高，是只能用于宫殿、寺庙等建筑的。庑殿顶由一条正脊和四条垂脊组成，又称五脊顶，屋顶四面形成四个斜坡，屋角和屋檐向上翘起，故也称作四阿顶。《周礼·考工记》中就有"殷人重屋，堂修七寻，堂崇三尺，四阿重屋"的记载。此外还有重檐庑殿顶，就是再多伸出一层屋檐，视觉上像是又加了一层顶，故宫太和殿用的就是这种屋顶。

垂脊上，除去骑凤仙人外，排在第一位的必然是龙：传说龙是天子化身。从秦始皇开始，他就称自己是"祖龙"，到了汉初刘邦时，龙被正式作为皇帝的代称出现。历代帝王都认为"龙为君像"，龙的形象便因此成为皇帝的代表和象征。

神话传说中"龙在天则腾云驾雾，下海则追波逐浪"。皇帝自比为"真龙天子"，身体叫龙体，衣服叫龙袍，椅子叫龙椅，乘的车、船叫龙辇、龙舟……凡与他们生活起居相关的，均冠以"龙"字。因此，太和殿垂脊上第一位四处眺望便是理所应当。

按照故宫康熙年间烧造垂兽
第一位龙所绘

第二位：凤

据《钦定大清会典则例》记载，故宫所有屋脊上的仙人后面的十只异兽只能在太和殿或重要的大殿才容许安放。

凤，本意是凤鸟，后因凤凰合体，成为凤凰的简称。凤凰是中国神话传说中的百鸟之王，雄的称凤，雌的称凰。凤凰在远古图腾时代被视为神鸟而予崇拜。它头似锦鸡、身如鸳鸯，有大鹏的翅膀、仙鹤的腿、鹦鹉的嘴、孔雀的尾。凤，是人们心目中的瑞鸟，古人认为时逢太平盛世，便会有凤凰飞来。

凤和风的甲骨文字相同，即代表灵性力量的意思；凰即皇字，为至高至大之意。在此处凤寓意为吉祥美好，亦是皇权的祥瑞和天下太平、人民安康、皇后嫔妃阴阳平衡的象征。

按照故宫康熙年间烧造垂兽第二位凤所绘

第三位：狮子

狮子，相貌凶猛、勇不可当、威震四方，是百兽之王。明马欢著《瀛涯胜览》有："狮子形如虎，黑黄无斑，头大口阔，尾尖毛多，黑长如缨，声吼如雷，诸兽见之，伏不敢起，乃兽中之王也。"

狮子高贵、威严，极具王者风范，被历代奉为护国镇邦之宝。对于统治阶级和贵族阶层而言，狮子威严的形象是消灾避邪、维护利益的象征。皇权认为狮子不但可以辟邪，更可以带来祥瑞之气。因此在垂脊上，除龙、凤外，狮子排在了第三位。

狮子是镇脊之神兽，肩负着祈福吉祥、装饰美化、保护建筑的三重功能。古代建筑多为木结构，以兽镇脊，避火消灾。更重要的是在两坡瓦垅交汇点，以带有吞兽的瓦严密封固，防止雨水渗漏，既有装饰美，又得护脊之实效。

故宫太和殿垂兽中排行第三
在是狮子
狮子是兽中之
王在佛教中为
护法象征忠诚
勇猛威严

按照故宫康熙年间烧造垂兽
第三位狮子所绘

第四位：天马

故宫大殿垂兽中排行老四的是天马，"天马日行千里，追风逐日，凌空腹地"，是祥瑞神兽、忠勇之兽。它寓意天子可以在天空中骑着奔腾的马，"天马行空，独往独来"。

汉朝时，将西域的良马称为天马，天马意为天上派来的神马，与海马均为古代神话中祥瑞的化身。将其形象用于殿脊之上，有种傲视群雄、开拓疆土的气势。据《山海经·北次三经》记载："马成之山，……有兽焉，其状如白犬而黑头，见人则飞，其名曰天马，其鸣自训。"

按照故宫康熙年间烧造垂兽第四位天马所绘

第五位：海马

海马是我国古代神话中忠勇之神兽，是在海中奔驰的骏马，在故宫大殿垂兽第五位，寓意是天子可以在海中骑上奔腾的马。早在唐代，海兽葡萄纹（也称海马葡萄纹）铜镜上面就有天马和海马的纹饰。

海马，后来成为宫廷瓷器上常见的装饰纹样，明清时期九品武官的官服，便是以海马形象为补子的图案。另据《汉书》记载："初，天子发书《易》，曰'神马当从西北来'，得乌孙马好，名曰'天马'。及得宛汗血马，益壮，更名乌孙马曰'西极马'，宛马曰'天马'云。"

按照故宫康熙年间烧造垂兽第五位海马所绘

按照故宫康熙年间烧造垂兽
第六位狻猊所绘

故宫太和殿垂兽狻猊
藏在乙亥白露瑞坞丹乾
京城顺天府朱味繁

第六位：狻猊

狻猊（suān ní）是古代神话传说中龙生九子之一，形如狮，喜烟好坐，所以其形象经常出现在香炉上，随之吞烟吐雾。古书记载狻猊外貌与狮子相似，是食虎豹的猛兽，亦是威武百兽率从之意。

狻猊一词，最早出现在《穆天子传》，曰："名兽使足走千里，狻猊、野马走五百里。"东汉时西域进贡狮子，初名"师子"。较早的记载于《汉书·西域传上·乌弋山离国》："乌弋地暑热莽平，……而有桃拔、师子、犀牛。"自隋唐及以后"师子"才加上反犬旁，改为"狮子"了。

佛座上装饰的狻猊，是汉代随着佛教由印度传入中国的。南北朝时期，中国的佛教艺术上已普遍使用了狻猊，这种造型成为交脚而坐的文殊菩萨坐骑。

明清之际，帝王家门前的石狮或铜狮颈下项圈中间的龙形装饰物，也是狻猊形象，狻猊安放故宫太和殿垂脊上，寓意着神兽护佑帝王的平安。

祥瑞中國

押魚
紫宁大和殿垂兽
排行老七的就是
押魚,是魚和兽相
結合的神兽,可讓
及防火、興雲作
雨,吉祥的化身。

按照故宫康熙年间烧造垂兽
第七位押鱼所绘

第七位：押鱼

押鱼又称狎鱼，是海里的一种祥兽。中国神话传说中，它和狻猊都是能兴云作雨、灭火防灾的祥瑞之神。它的外形是古代的虬龙，即有角的小龙，尾部带有鱼尾，是鱼与兽相结合的神兽，在民间也被称为鳌鱼。据明代《菽园杂记》记载："鳌鱼，其形似龙好吞火，故立于屋脊上。"

第八位：獬豸

獬豸（xiè zhì）是中国古代神话传说中的神兽，全身长着浓密黝黑的毛，双目明亮有神，额上通常长一角，俗称独角兽，与狮子类同。它能辨曲直，又有神羊之称，是勇猛、公正的象征，所以自古被视为"法兽"。

《清宫兽谱》对獬豸亦有描述，即"獬豸，似山羊，一角，一名'神羊'，一名'獬'。生东北荒中，性忠直，见人斗则触不直者，闻人论则咋不正者，亦名'任法兽'。故执宪者以其角形为冠"。獬豸与"法"是有一定渊源的，"法"的繁体字为"灋"，由"氵""廌""去"三部分组成。其中，"氵"表示司法平如水；"去"表示去掉不平之处；"廌"（zhì）就是指獬豸。因而，在古代，獬豸就成了执法公正的化身。

但在太和殿的屋顶上，獬豸的寓意却完全不同，它昭示着皇权官本及封建礼制神圣不可侵犯。

按照故宫康熙年间烧造垂兽
第八位獬豸所绘

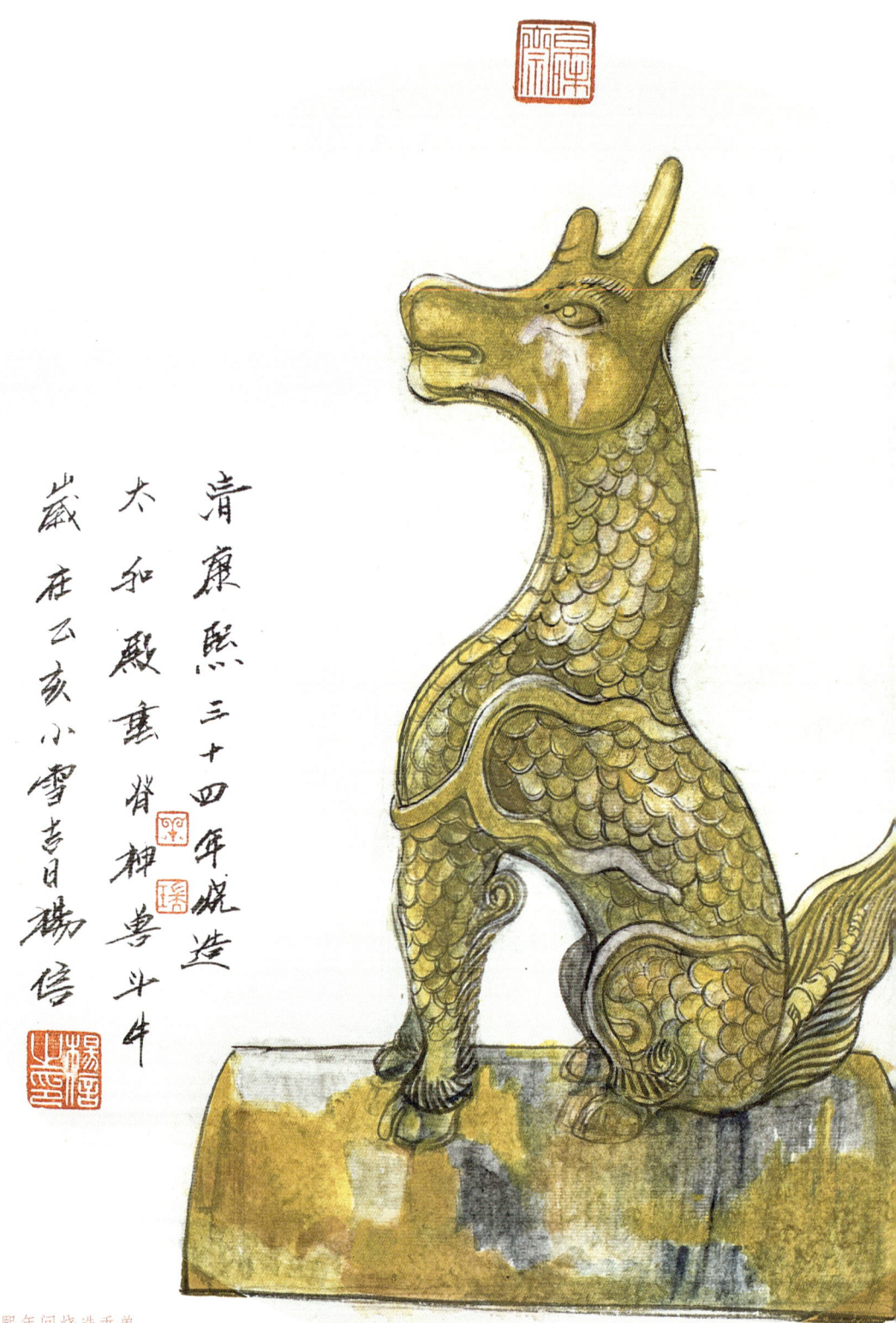

祥瑞中國

清康熙三十四年燒造
太和殿垂脊柳獸斗牛
歲在乙亥小雪吉日楊信

按照故宮康熙年間燒造垂獸
第九位斗牛所繪

第九位：斗牛

故宫太和殿垂脊上十个小兽中第九位是斗牛，斗牛的名称来源于二十八宿的斗宿和牛宿。

据《宸垣识略》载："西内海子中有斗牛，即虬螭之类。遇阴雨作云雾，常蜿蜒道旁及金鳌玉栋坊之上。"其外形特征为牛头龙身，身有鱼鳞，尾巴类似鱼鳍，是一种有两只弯角的龙，传说中是一种虬螭（qiú chī）。

斗牛与狎鱼作用相近，都为镇水神兽，在古代，水患之地也大多铸造铁牛以镇之。由此可知，斗牛排在故宫太和殿垂脊上，寓意为紫禁城宫殿兴云作雨、镇火防灾，是祈福吉祥之雨的镇物。

（感谢北京古迹圈刘霞提供的帮助。）

垂脊上的唯一：行什

在太和殿上，古人把十个小兽依次排列在高高的檐角处，祈求消灾灭祸，逢凶化吉，并含有剪除邪恶、主持公道之意。

在紫禁城太和殿建筑中，可见全国仅有的八尊行什之一。之所以被称为行什，是因为该瑞兽在太和殿屋顶排行第十位。从外形特征看，行什面部五官非常奇特，眉毛翻卷、环眼暴睛、朝天鼻、鸟喙嘴、两獠牙；身材壮实、乳凸腹鼓、肩部后方还披挂着一对翅膀；双手交叉挂着藏传佛教的金刚宝杵。奇怪的是手为十指，但脚却为四趾似鹰爪。其造型与《封神榜》中雷震子有着很多类似之处。雷震子，在古代多与雷公等同，是主管打雷的神。

明代的琉璃瓦件共分为十样，其中头样瓦最大，十样瓦最小，太和殿（那时叫皇极殿）筒瓦用的是头样。到了清朝，头样瓦已经不再烧造。据《太和殿纪事》记载，重修用的二样筒瓦，如果还安装九只走兽，就会造成后面位置空缺，因此才在后面又加上了一只行什。脊兽的多少，代表着建筑的等级，太和殿上行什的出现，主要寓意是防雷，它是在清朝时期才"闪亮登场"的。

故宫一般殿堂，除了仙人以外，脊兽都是按照九、七、五、三这样的单数出现。如保和殿上有九只，中和殿上有七只，东西六宫上面都是五只，只有太和殿再加一只行什，共计十只。

第一章 | 御用的尊严

故宫太和殿上神兽一行什
藏在乙亥夏五锡辰

按照故宫太和殿康熙年间烧造垂兽
第十位行什所绘

"不听"的狮子在故宫乾清门前

去故宫的时候，你可曾注意到故宫太和门前的一对鎏金大铜狮？这对铜狮从明代开始就摆放在太和门前，所以它们是故宫里年代最久的铜狮，也是最大的一对铜狮。

乾清门前也有两尊鎏金铜狮，挺立威武，螺髻罩顶，造型别致，跟普通的石狮、铜狮子相比，更为狰狞，如同神话里穿了盔甲的"战狮"一样。仔细看，这两只铜狮子的耳朵是向前耷拉着的，而故宫前庭的其他狮子，则是立着耳朵的。

其实，这是皇帝对后宫诸位妃子无声的警告。因为乾清门后面的宫殿就是皇帝和诸位妃子的生活居住区，而将狮子铸成这样就是在警告妃子：要认清自己的位置，明白自己的本分。前朝的事，后宫人不该看的别看，不该听的别听，不该问的别问。

东边踩绣球的狮子是雄狮，象征天下一统，江山永久。西边踩小狮子的铜狮是雌狮，象征皇家子嗣昌盛，皇权传递千秋万代。

第一章 ｜ 御用的尊严

故宫乾清门
乙亥初春瑞信

按照故宫乾清门鎏金铜狮所绘

鸱吻：承乾宫脊上的神兽

"承乾"一名，意思是顺承天意。

故宫承乾宫于明永乐十八年（1420年）建成，属于内廷东六宫之一。初曰永宁宫，崇祯五年（1632年）八月更名为承乾宫。顺治十二年（1655年）重修，道光十二年（1832年）又略有修葺。

承乾宫为两进院，正门坐北朝南，名"承乾门"。前院正殿即承乾宫，面阔5间，黄琉璃瓦歇山式顶，檐角安放走兽5只，檐下施以单翘单昂五踩斗栱，内外檐饰龙凤和玺彩画。殿内正间内悬挂乾隆皇帝御题"德成柔顺"匾。殿前是宽敞的月台，东西有配殿各3间，明崇祯七年（1634年）安匾于东西配殿曰"贞顺斋""明德堂"。

在承乾宫正脊上的神兽，名叫鸱吻，是用黄彩琉璃瓦件拼成的。它是传说中龙生九子之一，关于它的传说自古就有很多。

一说，由于这一龙子能喷浪成雨，故将它装饰在屋顶的正脊两端，取"镇火"之意。

二说，屋脊两端的兽，俗名叫吞脊兽，寓意保佑皇家风调雨顺。其模样似龙非龙，面朝里，张着大嘴，好像要把整个殿脊吞下去。它的背上还插着一把利剑，但只有剑柄露在体外。民间传说，龙王把王位传给了大儿子，可是龙王死后，老二和老大争夺王位，谁也不肯相让。哥俩最后商量，用谁能吞下一条屋脊来决定胜负。老大自知武艺不如老二，又恐王位被夺，心一横，趁老二吞脊之时，拔出宝剑从它背后狠刺下去，把它钉在了屋脊上。

明朝以后，龙吻逐渐盛行，改叫大吻，尾部完全向后卷起，身上还有小龙。宫廷建筑中将吻都做成龙头形，上部内弯后又向外卷曲，身上塑龙鳞，身内塑龙爪，并塑有一条小龙，吻背上插着剑把，吻侧后突出一个小兽头。到了清朝，龙吻已非常普遍，龙头怒目张口衔住正脊，背上也插着一把宝剑，但明代与清代的龙吻造型略有所不同。至于这种黄琉璃瓦的"五脊六兽"，是只有皇家建筑中才容许使用的。

第一章 | 御用的尊严

按照故宫承乾宫正脊东侧吞脊兽所绘

承乾宫的门墩与梨花：皇贵妃的门面

东西六宫，是故宫内廷妃嫔们居住的寝宫，东六宫分别是景仁宫、延禧宫、承乾宫、永和宫、钟粹宫、景阳宫；西六宫分别是永寿宫、太极殿、翊坤宫、长春宫、储秀宫、咸福宫。承乾宫，是故宫东六宫中地位最高的。

尽管承乾宫比其他院落相对小了一点，但从宫前院影壁上，就能感觉到这里的规格似乎比其他五个院落更高。门内影壁汉白玉的底座是六宫中雕刻最精美的一对，绕过这个影壁是宫里最著名的梨树——"一树梨花一承乾"，后面才是承乾宫的正殿。

明朝崇祯皇帝的宠妃田秀英就曾经居住在这里；清朝顺治帝孝献皇后董鄂氏，康熙帝孝懿仁皇后佟佳氏，乾隆帝婉贵妃、豫妃，道光帝琳贵妃、佳贵人（佳贵妃），咸丰帝云嫔、祺嫔、婉贵人都曾在此居住过。

在众多的紫禁城宫殿中，倾国倾城的美人们不在了，唯承乾宫里几百年的一树梨花，悄悄记载着院里主人的更替。几百年间宫中最凄美的爱情故事也多发生于此。在见证过无数兴衰后，那树梨花仍然盛开，以往如此，今后也如此。

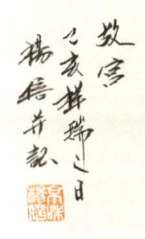

按照故宫承乾宫内
木照壁下石座所绘

延禧宫外墙简约的雕花

故宫延禧宫，原与东六宫其他五宫格局相同，均为前后两进院。前院正殿五间，室内悬挂乾隆皇帝御笔匾曰"慎赞徽音"，东壁悬乾隆《圣制曹后重农赞》，西壁悬《曹后重农图》，殿前有东西配殿各3间。后院正殿5间，亦有东西配殿各3间，均为黄琉璃瓦硬山顶。

明永乐十八年（1420年），延禧宫建立后，初名为长寿宫。嘉靖十四年（1535年），改称延祺宫，清代又改名为延禧宫。明清两朝均为妃嫔所居，清道光帝之恬嫔、成贵人都曾在此居住，之前乾隆帝婉贵妃也曾在此居住。

道光二十五年（1845年），延禧宫起火，烧毁了正殿、后殿及东西配殿等建筑共25间，仅余下了宫门。宣统元年（1909年），端康太妃（光绪帝的瑾妃）主持在延禧宫原址兴工修建一座三层西洋式建筑——水殿（以水避火），俗称水晶宫。

当年国库空虚，水晶宫拖延至宣统三年（1911年）冬被迫停建。现如今，这座皇宫中的西洋烂尾楼，除了汉白玉砌成的基座，外墙依旧能看到雕刻精美壁花的文房四宝、蝙蝠、寿桃、喜庆之物……

按照故宫延禧宫外墙简约的雕花所绘

祥瑞中國

储秀宫内铜鹿 储秀宫是慈禧生同治的宫殿，咸丰六年慈禧在此生下了同治皇帝，光绪十年慈禧为了庆贺自己五十岁寿辰又移居此宫，不过多了这对铜鹿与铜龙。这只鹿反大清规矩，内庭此于应摆不进摆放左，岁在戊戌初冬杨柏先生于京城。

按照故宫储秀宫铜鹿所绘

储秀宫铜鹿是慈禧一生的爱

储秀宫，是明清两代后妃居住的地方，为内廷西六宫之一，位于咸福宫之东、翊坤宫之北。明永乐十八年（1420年）建成，初名寿昌宫，嘉靖十四年（1535年）更名储秀宫。清沿明朝旧称，顺治十二年（1655年）再次重修。

宫内，前殿悬挂有乾隆皇帝御笔"茂修内治"。庭院中，台基下东西分设一对铜龙和一对铜梅花鹿。铜龙形作游走之状；铜鹿形作静立，一派安详。在整个故宫里，除了储秀宫之外，其他正殿前均无此设置，是清朝晚期才有的。

咸丰二年（1852年），叶赫那拉氏（即后来的慈禧太后）进宫被封为兰贵人时，曾在这里居住。到了咸丰六年（1856年）三月，升为懿嫔的叶赫那拉氏在这里生下一皇子，即后来的同治皇帝，次年进位为懿贵妃。光绪十年（1884年）已居长春宫的慈禧太后为庆祝自己50岁生日，再次移居此宫，并耗费白银63万两重修了宫室，这才使储秀宫成为西六宫中最考究的一座宫殿。这些陈设也正是在此时装点在院里的。

如今，院内游廊墙壁上的题词，即当时大臣为慈禧祝寿的"万寿无疆赋"。储秀宫内外的陈设，还是庆贺慈禧太后五十寿辰时的原状。

据崇厚辑录的《盛京典制备考》记载：盛京围场南北长490里、东西宽480余里，封禁时间长达300多年。每二年一次捕鹿羔60只，每年进贡都需皇帝朱批数列。由于连年不断捕猎，野生梅花鹿越来越少。1895年，"鹿趟"的猎户推举赵允吉去北京，当面奏请慈禧太后，以求恩准人工繁殖梅花鹿，慈禧太后立即下诏批准。猎户随即大兴土木建造"皇家鹿苑"养鹿，这是中国人工饲养梅花鹿的肇始。

慈禧一生喜欢鹿，在颐和园、故宫等地和自己居住的地方都摆有铜鹿，甚至在自己陵寝门口也摆放着一对铜鹿，后来被军阀盗掘流失到了天津。

储秀宫是唯一有龙的后宫

故宫西六宫最豪华的是储秀宫,单檐歇山顶,面阔5间,前出廊,檐下斗、梁枋饰以苏式彩画。东西配殿分别为养和殿、缓福殿,均为面阔3间。后殿丽景轩依然面阔5间,东西配殿分别为凤光室、猗兰馆。

储秀宫是慈禧一生中最重要的宫殿。根据《宫女谈往录》对慈禧太后近侍宫女何荣儿的转述推测,主要原因包括:第一,慈禧在这里发迹,她唯一的政治本钱就是在这里生下同治,是抓权的真正政治资本;第二,慈禧17岁入宫,她的青春都埋葬在此,处处都有记忆;第三,念念不忘先皇咸丰帝对自己的雨露之恩。

储秀宫的内部装修精巧华丽,正间后面是楠木雕纹玻璃罩背。罩前设地平台一座,平台上摆置紫檀木雕嵌寿字镜心屏风,屏风前设宝座、香几、宫扇、香筒等。储秀宫门为楠木雕万字锦底、五蝠捧寿、万福万寿裙板隔扇门;窗饰万字团寿纹步步锦支摘窗。明间正中设地屏宝座,后置五扇紫檀嵌寿字镜心屏风,上悬"大圆宝镜"匾。宫外檐彩饰均采用色泽淡雅的苏式彩画,题材有花鸟鱼虫等。

储秀宫门前有两条铜龙,爪子上握着龙珠,而龙珠通常是口衔或在口前方,是龙之精髓,也是权力象征。此铜龙是龙爪持珠呈奉献状,而龙之形态又为懦弱屈服献媚状。"失势龙"依此应为光绪当时屈服慈禧的一种实物见证,与趾高气扬脚踩江山社稷、海水江牙的龙凤形成鲜明对比。

第一章｜御用的尊严

故宫储秀宫铜龙
乙亥头伏二天载信

按照故宫储秀宫铜龙所绘

御花园：皇家园林之精品

故宫的珍宝让人眼花缭乱、目不暇接，但是在赏石者眼中，真正让人心动的宝物并不在珍宝馆，而是散布于御花园、宁寿宫花园、慈宁宫花园、建福宫花园中的近百峰奇石。其中，奇石分布最集中的地方当属故宫御花园。

御花园，在紫禁城中轴线的最北端、坤宁宫以北，建于明永乐十八年（1420年），以道观为中心，是故宫里最大的皇家花园，是皇帝、后妃等人日常游乐观赏的地方，也有祭祀、颐养、藏书、读书等用途。园内共有殿阁、亭台20多座，苍松翠柏160多棵，树龄多数在300年以上。明代称为宫后苑，清代称御花园。

明代开国皇帝朱洪武对园林石峰非常推崇，在建造御花园时，皆以"石"取胜，叠山立"石"为峰。到了清朝乾隆皇帝，每次外出巡视时，一旦偶遇佳石，皆通通运回皇宫，并为石峰命名、亲自题词颂诗。御花园，可谓皇家奇石博物馆，各类奇石在这里或突兀，或峥嵘，或玲珑，或剔透，"三步一石，五步一峰"。千奇百怪的形状不仅为幽美的御花园增姿添色，更体现了皇家古典园林的气势与恢宏。

御花园陈列的盆景赏石，数量约56峰，体量多为大中型，陈列形式以孤石为主，可分为岩石、化石两大类，有造型石、图纹石、色质石三个种类，概有灵璧石、太湖石、英德石、珊瑚、笋石、木变石、卵石、钟乳石等十几个石种。现存故宫御花园的观赏石，都是明清山石盆景的传承物，在这里会看到只有中国创造的"山石盆景"的成熟之物，弥足珍贵。

御花园有三方奇石：海参石、木化石和诸葛拜斗石。

海参石

海参石，系珊瑚排泄物化石，属于中型观赏石，为御花园苑石中仅有的一座；长78厘米、高66厘米、厚14厘米。该石造型独特，表面由无数条形状似海参的小石块呈插屏样组成，虽不是海参化石，但枚枚"海参"纵横交错，看上去也似乎圆滑柔软，颇具肉感，因而被命名为海参石。该石半透明状，动感十足，石上布满毛茸茸的刺，惹人驻足。更绝的是每当天气炎热、太阳直射时，这块海参石便会变成黄灿灿的颜色，让人犹生爱意。

第一章 | 御用的尊严

故宫御花园三大奇石
海参石乙亥初春 杨信

按照故宫御花园三大奇石之一海参石所绘

木化石

在御花园绛雪轩前面的石座旁边，挺立着一块高一米多、状似朽木的摆件，背面还有无数虫蛀的小孔，用手叩敲又确是石材，但它是远古时期的木化石。

乾隆三十一年（1766年），黑龙江将军福僧阿进贡了木变石（木化石）一座，乾隆帝大喜，并御题《咏木变石》诗一首："不记投河日，宛逢变石年。硿敲自铿尔，节理尚依然。旁侧枝都谢，直长本自坚。康干虽岁贡，逊此一峰全。"乾隆丙戌新正中澣御题钤印："得象外意 乾隆宸翰"，距今已经250多年了。

乍一看，承托木化石的石座要比木化石漂亮许多，雕刻也非常精美复杂。石座为瓶状，下部雕有两层莲瓣，束腰处雕有四个蕉叶提梁，最上雕有似孔雀开屏尾羽的纹饰。

周汝昌先生曾经评价说，对观赏石的欣赏，不在一端，而是且有聆听其声，足闻其妙，故乾隆诗以其有"铿尔"之声赞颂。

按照故宫御花园三大奇石之一木化石所绘

诸葛拜斗石

御花园天一门的西侧，有一块色彩丰富的图案石，长 50 厘米，高 42 厘米，厚 29 厘米，是御花园唯一一方水冲画面石。石体左侧站立一人物，头戴纶巾、宽袍大袖，手高举过头正在作揖。而在老人面对的暗色部位上有一组呈现北斗七星样子排列的白点，让人们联想起三国时代的文曲星诸葛亮。更有说法，此乃三国时精通天文地理的大军事家诸葛亮拜北斗祈岁太平呢。

该石人物比例精确，惟妙惟肖，把一个智勇双全的诸葛亮的形象鲜活地展现在世人的面前。该石名为诸葛拜斗石，也蕴含着中国古代劳动人民对这位鞠躬尽瘁、死而后已的古代卓越政治家的怀念。

按故宫御花园内三大奇石之一诸葛拜斗石所绘

豪华的石桌石墩

五月端午节、八月十五中秋祭月、九九重阳登高，皇帝会率领后妃们登临御花园最高处的堆秀山御景亭，望远祈福、祛邪避秽。而每年七月初七牛郎织女鹊桥相会时，宫中要祭祀牛郎织女，拈香行礼，乞巧活动也依然在这里举行。

御花园是后宫的汇合点：北面绕过大影壁就是顺贞门，出此门即是神武门广场，到达紫禁城北门。御花园南面是坤宁门，通往后三宫的入口；西南角是阆苑右门，由此进入西六宫；东南角是阆苑左门，由此进入东六宫。

绛雪轩在御花园东南角，养性斋位于御花园西南角，后依宫墙，其建筑平面为"凸"字形。两斋遥遥相对，造型高低不同，对称却不呆板。

绛雪轩的门窗装饰均为楠木雕刻，窗棂雕有"万寿无疆"花纹。当时绛雪轩前有五株海棠树，乾隆皇帝常到此吟诗作赋，每当花瓣飘落时，宛如红色雪花纷纷降下来一般。曾有"绛雪百年轩，五株峙禁园"的诗句，遂将此轩命名为绛雪轩。轩前琉璃花坛里有一簇极为罕见的太平花，这是晚清时西太后命人从河南移来栽种于此处的。

养性斋是一座楼阁式藏书楼，末代皇帝溥仪退位以后，曾聘请庄士敦在这里教他学习英语和数学。

在两座著名的建筑之间、万春亭之北，有一组雕刻非常精美的石桌石墩，流畅的线条、美好寓意的图案通体刻在一桌四墩上，堪称乾隆时期石雕经典之作。

第一章 | 御用的尊严

按照故宫御花园乾隆时期石雕作品所绘

八脊盝顶苏式彩画井亭

御花园占地一万一千多平方米,园内建筑布局对称而不呆板,舒展而不零散。各式建筑,无论是依墙而建还是亭台独立,均玲珑别致,疏密合度。

在花园内东部和西部各有一座小井亭,方形四柱盖顶,小巧玲珑,构造新颖。所谓井亭,是建在水井之上的建筑,为的是遮蔽雨雪风沙,防止井水被污染,也给御花园起到了相当大的装饰作用。

东井亭位于天一门外左侧、万春亭前西侧,平面为方形,面阔1.94米,亭中有井;朱红色四柱,井口石上覆石盖板。井亭特点在于其下部为方形,顶部转为八边形。在四柱上各架一与平面呈45°的转角桁,两端各与悬在柱外的四根转角桁相接,于是形成八边,把顶部的重量传达到四柱。因为利用悬挑达到力的平衡,所以称其为担梁式建筑结构。

亭顶部有八条脊,覆黄琉璃瓦,本应是八角攒尖顶,但又按井亭传统做法为盝顶(盝顶在金、元时期比较常用,元大都中很多房屋都为盝顶,明、清两代经常用于帝王庙中的井亭的顶口,古代的井亭上面是露天的,称之为盝顶),上安四对合角吻兽。井亭之顶开洞口正对着井口,一为纳光,二为便于用长竿掏井。

两座亭子造型非常别致,依稀可辨的是亭檐下枋心苏式竹子彩画,色彩鲜丽,结构巧妙,是历经几百年之久的传世之作。井亭四面白石雕栏板,云龙望柱头,覆莲雕花柱础,是故宫几十口水井建筑中少有的精品。西井亭内,现还有当年提水用的铸铁辘轳,实属罕见。

第一章 | 御用的尊严

故宫御花园东井亭
亭檐下方饰花草枋心苏式
彩画 乙亥谷雨当日
顺天府畔京味斋
杨信斩记

按照故宫御花园内东井亭所绘

051

石蟠龙喷泉

堆秀山在御花园钦安殿的东北角,是一座以采自太湖的奇形怪状的石块堆砌成的假山。山的东西两处有磴道可直达山顶,山顶上建有四角攒尖顶方亭一座,名御景亭。

每年的九月初九重阳节,帝后都要上堆秀山登高庆贺。堆秀山正面有岩洞,内为砖砌穹隆式石雕蟠龙藻井,山前两侧设有石蟠龙喷泉,洞门上额题满汉双文"堆秀"。

这一对石蟠龙喷泉分为三个部分,底部是石方座,方座上边再敛成一个小方座,棱角磨圆;第二部分腰身为一对石狮,两石狮含情脉脉、卿卿我我;第三部分为一石盆,盆中心有一蟠龙,龙头冲上,嘴中有喷水孔。

据文献记载,乾隆初年在堆秀山前增设水法,利用山势制作喷泉景观。水法运转之时,需要预先在堆秀山上的几口铜缸内贮水,利用山势,水自山内管道输送至山下的两座石钵,再从蟠龙口中喷出。

这项水法工程的建造先后历时一年之久,实属不易。而水法的日常运转和维护则更难,位于山上的输水管道堵塞和漏水情况时有发生。清朝末年,国家内忧外患,对这一费时费工的景观便再也无暇维护。

新中国成立以后,1952年为迎接国庆,欲恢复堆秀山前的原有喷泉。当时因年久失修、山石内裂,输水管道被堵塞损坏。因此就改变原来铜缸贮水的做法,而利用自来水管道,重新设计了上下水和排水方案。喷泉恢复之后,因维护不便,也时停时用。

2020年院庆之际,又重新恢复了这一水法景观,提升了御花园的整体参观环境。

故宫御花园石蟠龙 岁在庚子大雪前瑞信

按照故宫御花园内堆秀山上石蟠龙喷泉所绘

第一章 | 御用的尊严

祥瑞中國

按照故宫御花园承光门前鎏金铜象所绘

跪象：御花园最后一对神兽

故宫，有一对跪着的鎏金大象（贵相），就置放在紫禁城最北端御花园钦安殿后承光门的左右。

真武殿，东西两路建筑从景点构图到建筑平立面形式，都是以中轴线对称的；在轴线上布置了承光门、钦安殿、天一门、大甬道。东西道路、建筑、水池，连花台都基本对称：堆秀亭对延晖阁、藻堂对位育斋、浮碧池亭对澄瑞池亭、万春亭对千秋阁、汉白石台对观鹿台；绛雪轩对养性斋、东井亭对西井亭、钦安殿前东西方亭对称、绛雪轩前假山对养性斋前假山；堆秀山与西路的鹿台假山通过钦安殿景区成对角线对称。另外，中轴线建筑前的小品对称也非常明显，承光门前左右鎏金铜象，以及天一门月台前的东西獬豸，则完全对称。

相传，雍正帝喜欢在大象背上驮个宝瓶，这就是"太平有象"，故宫造办处便为皇上制造了两尊"太平有象"。雍正手抚着大象的耳朵说："太平有象，太平有象，这才最合朕的心意。"他下令再铸两座镀金铜象，放置在御花园的承光门前。就这样，在御花园最北的承光门左右又摆放了鎏金铜象。

这对鎏金铜象以鼻触地，从头部的绳子、背上的毡毯，以及驯良的眼神来看，可以知道其是训练有素的"仪象"，而非野象。更新奇的是它的两条前腿跪的方向是反的，而真正的大象是不可能这么反关节伏着身体的。这样的身姿，其实就是"富贵相"，取的是"俯跪象"的谐音。可见皇帝不仅吃尽穿绝，连名字都要是大吉大利，而且不惜让大象以"反关节"的方式来迎合"圣意"，前伏后跪大象的构思更彰显出皇家气派。

皇帝终日揪心的，不就是富贵之人"天下太平"吗？

祥瑞中國

乙亥二月祥瑞
之日楊樹

按照故宫御花园天一门前狮子所绘

獬豸：御花园天一门前的法官

故宫御花园内的天一门前，有一对铜质独角神兽造像，长约1.30米，宽约0.55米，高约1.35米。两尊神兽让很多人都误认为是麒麟，其实它名为獬豸。其头部似龙，头顶有叉形独角；嘴角两侧各伸出一根长长的虬髯，虎目圆睁，麋鹿形的身躯显得敏健利落。

相传獬豸懂人言知人性，能辨是非曲直，能识善恶忠奸。发现奸邪的官员，就用角把他触倒，然后吃下肚子。它体形大如牛，类似麒麟，全身长着浓密黝黑的毛，鳞片线条分明，犹如盔甲一般；利爪张开伏地，随时警惕外来的入侵者，并做好攻击的准备；头部和尾部的毛发均为直立，呈火焰状给人以震慑之感。獬豸是司法"正大光明""清平公正"的象征，任何妖魔都不敢靠近。

历史上，獬豸公正的执法形象是帝王利益的代言。它不仅有龙的典型特征，而且头上的独角亦被赋予了一种帝王权力和威武的象征。

北京有两座九龙壁

在中国有三座九龙壁，一座是乾隆二十一年（1756年）建的现存于北海公园的九龙壁，一座是乾隆三十七年（1772年）宁寿宫的九龙壁，这两座九龙壁其实就足够奢侈了，但跟山西大同明代九龙壁比起来还是小了很多，也晚了300多年。山西大同的九龙壁是明代洪武年间明太祖朱元璋第13个儿子朱桂府前建的，这个照壁比北海九龙壁大了好几倍，长45.5米、高8米、宽2.2米。

九龙壁其实就是大门前的影壁。因为古人把数字分为阳和阴，九为阳数中最大，所以故宫、北海公园等皇家建筑都以九五之尊作为皇权的代表、天子的象征。

北海的九龙壁最精彩

若就精工而论，首推北海九龙壁。在中国现存三座古代九龙壁中，唯独北海这座是双面壁，它是中国琉璃建筑艺术的精华。重建后的九龙壁，较前壁更加雄浑壮观，虽历经200年风雨剥蚀，颜色却没变，成为最有价值的古文物之一。

据记载，北海这座九龙壁，是原大圆镜智宝殿前的影壁，始建于辽，该庙1900年曾被烧毁，重修后又于1919年失火，只遗留下了这座九龙壁。此九龙壁于清乾隆二十一年重建，壁高5.96米，厚1.60米，长25.52米。壁的两面各用200块红、黄、蓝、白、青、绿、紫七色琉璃砖瓦镶砌而成，各有九条彩色大蟠龙，飞腾戏珠于波涛云际之中。除壁前壁后各有九条蟠龙在戏珠外，壁的正脊、垂脊、筒瓦、陇垂等地方都有龙的踪迹，可以把它们分为两类，跃身上腾者为"升龙"，俯身探海者为"降龙"，据统计整个九龙壁共有635条龙。

九龙壁，是清乾隆时名匠"样式雷"构思设计的，据说当年"样式雷"把烫样呈献给乾隆审阅时，这个雷氏曾巧妙地解释九龙壁的意义道："数至九九，壁长为暗九，乃应中华国祚万年。"乾隆大喜，厚赏"样式雷"，即刻降旨命工部依样建造。

第一章 | 御用的尊严

按照北海九龙壁所绘

皇极门外九龙壁把乾隆给糊弄了

故宫九龙壁,实际上就是在皇极门外的大照壁,其规制之高、烧造之华丽、设计之考究堪称中国三大九龙壁之最。这座九龙壁宽29.40米,高3.50米,壁上部为黄琉璃瓦庑殿式顶,檐下为仿木结构的椽、檩、斗拱,一应俱全。壁面以云水为底纹,分饰蓝、绿两色,下部为汉白玉石须弥座,烘托出水天相连的磅礴气势,端庄凝重。

壁上面的九龙分为正龙、升龙、降龙三种,九龙翻腾自如,神态各异。九条龙均以高浮雕手法制成,形成栩栩如生的立体感。九条蟠龙分隔于五个空间,正黄色的正龙居于壁中,左右两侧各有蓝白双龙,白为升龙,蓝为降龙。左侧两龙龙首相向,右侧两龙背道而驰,四龙各逐火焰宝珠,似欲破壁而出。壁的最外侧,各是一黄一紫双龙,左端橙黄色的龙挺胸缩颈,上爪分张左右,下肢前突后伸,紫色的龙左爪下按,右爪上抬,龙尾前甩;右端黄龙弓身努背,腾挪跳跃,紫龙昂首收腹,前爪击浪……

仔细看九龙壁上东边的第三条白龙的腹部,会发现上面拼嵌着的并不是琉璃砖,而是一块雕刻成龙腹的木头,这是为何呢?

相传乾隆皇帝下令让工部烧造九龙壁的琉璃砖时,工期特别短,但要求又很高。皇命难违,工匠们只能日夜轮流赶工。在镶嵌这条白龙时,一名工匠不慎打碎了白龙腹部的琉璃砖构件。这名工匠为了免遭砍头之祸,连夜雕刻出一块一模一样的楠木质龙腹构件,安了上去,然后再刷上白漆。等到验收时,居然骗过了工部官员。

从乾隆三十七年九龙壁烧造完成到现在,这条被移花接木的"木腹龙"已经存在了整整250年。随着时间的流逝,因为长时间的风吹日晒,这块木质龙腹构件上白色的油漆已渐渐脱落,露出了木头本来的颜色。

第一章 | 御用的尊严

按照故宫皇极门外九龙壁东侧白龙所绘

祥瑞中國

按照故宫宁寿门前鎏金的狮子所绘

鎏了重金的狮子在故宫宁寿门前

故宫里能看到的"狮子",内廷里面有 5 对鎏金铜狮,在阳光照射下,熠熠闪光,耀眼夺目。这些鎏金铜狮,胸前或铜座上大都刻有"大清乾隆年造"的字样。

宁寿门前这对鎏金狮子,是乾隆皇帝自己做满 60 年皇帝归政之后,准备将此处当自己的"养老院"时摆放的。按照乾隆帝旨意,由宫中造办处将两座旧天文仪器熔掉铸造而成,红铜用去了 6435 斤,五次镀金共耗费了 334 两纯金。

内廷鎏金狮子,显得更温和。头顶螺旋卷毛个数多,脸颊边缘是一排鬣毛卷儿,额头饱满,双眼圆睁,翘鼻平方,嘴张得都不大,侧背有肋骨纹。

紫禁城中除养心殿外,其他鎏金狮都是蹲坐在 24 代皇帝的寝宫前,白天以金光装点门面,夜间则为主子守夜到天明。

故宫宁寿宫里的"太平有象"

在故宫里见到大象的有两处，一处是前面提到过的御花园里鎏金的跪象，另外一处就是宁寿宫皇极殿内的"太平（瓶）有象（相）"。象是瑞兽，厚重稳行，中国古代素有"太平有象""喜象升平"之说，寓意河清海晏、民康物阜。陆游曾赋诗曰："太平有象天人识，南陌东阡捣麦香"，大象是吉祥、喜庆的象征。这两尊硕大的掐丝珐琅白象驮着精美的花瓶，尽显奢华。

在中国传统文化里，"象"与"祥"字谐音，故"象"被赋予了更多吉祥的寓意。象驮宝瓶（平）为"太平有象"；象驮插戟（吉）宝瓶，为"太平吉祥"；童骑（吉）象，为"吉祥"；象驮如意，或象鼻卷如意为"吉祥如意"。

相传，古佛就是乘六牙象从天而降；另有一说，大象是普贤菩萨的坐骑，能预兆灵瑞。《大清会典》曾对宁寿宫宝象有如下描述："络首、钩膺、膺悬朱缨铜铃各三，白革为鞯，绘金龙彩云，周为花文。"其中，络首即头部被套住；钩膺即颔及胸上有革带；膺为胸部。宝瓶，则是传说观世音菩萨的净水瓶，亦叫观音瓶，内盛圣水，滴洒能得祥瑞。

乾隆六十年（1795年），他决定将皇位禅让给第十五子颙琰，自己当太上皇。嘉庆元年（1796年）正月初四，禅位刚三天的太上皇便在宁寿宫皇极殿再次举办"千叟宴"。此时，乾隆已是86岁的老人，因此规定，此次参宴老人的年龄由原来康熙年间定的60岁以上，改为70岁以上。

这一天，皇极殿的场面异常庄严、宏大。皇极殿檐下，陈设着中和韶乐；宁寿门内，陈设着丹陛大乐；殿内，陈设王公、一二品大臣席位；殿廊下，布设朝鲜等藩属国使臣席位。宴会开始，中和韶乐奏响，在嘉庆皇帝的侍奉下，太上皇乾隆帝升上皇极殿宝座，嘉庆帝亲率领3056名银须白发的耄耋老人，及并未入座者达五千余人山呼万岁，为太上皇祝寿。面对着天下耄老为自己祝寿的场景，太上皇乾隆心满意得。

在宴会的过程中，召请王公一品大臣与宴会中90岁以上的老叟到御座前，由乾隆亲自赐给他们御酒，又命自己的皇子、皇孙、皇曾孙、皇玄孙等给殿内王公大臣行酒。当时106岁老人熊国沛和100岁老人邱成龙也参加了这次千叟宴，乾隆称他们为"百岁寿民""升平人瑞"，赏六品顶戴；其余90岁以上老人，如梁廷裕等赏七品顶戴，以示太上皇养老敬老之意。

第一章 | 御用的尊严

按照宁寿宫里的"太平有象"所绘

倦勤斋是乾隆打算用来养老的院子

去故宫，一定得瞧瞧乾隆给自个儿修的"养老院"。宁寿宫西北端的倦勤斋，是乾隆花园最北的一处豪华建筑，是一个极其神秘的地方。这里每一处都精雕细琢，虽不算富丽堂皇，但处处彰显着尊贵。

"亿万人增亿万寿，泰平岁值泰平春"，乾隆花园是乾隆皇帝为自己修建的退位后的颐养之所，是他一生襟怀的最后寄托之地。乾隆晚年降旨不许对宁寿宫进行改建，是乾隆花园得以完整保存至今的重要原因。

历史上乾隆曾六下江南，醉心于苏杭的秀丽风光，虽然乾隆想做一个闲云野鹤之人，无奈他是天子之命。为了让自己的晚年能够住得舒服一点，乾隆就让京城最好的工匠将倦勤斋装修成了江南的格调，从竹黄工艺、竹丝镶嵌到双面绣、髹漆工艺，都渗透着江南草木泥土的芳香，融入了乾隆对江南深深的眷恋。他甚至让宫廷画师郎世宁，在倦勤斋的九间北房的西四间天棚、墙壁上，全都画上了通景画。

乾隆三十七年（1772年），乾隆把宁寿宫改为了皇极殿，就是准备退休以后自己临朝授拜的地方。虽然说是退休了，但这排面的架子，当然不能倒。一拉遛儿九间的门脸儿，五间的进深，也就是人们常说的"九五之尊"。从倦勤斋这个名字可以看出，乾隆用斋名明确地告诉世人，"我干活累了，要休息了"。

乾隆原本准备当满60年皇帝之后就让位给儿子，自己搬进宁寿宫做太上皇，不超过他祖父康熙皇帝在位61年的时间。在他的眼里，康熙皇帝是他最崇拜的人。可是嘉庆继位后，他仍旧把持政权不放，继续居住在养心殿，直到89岁驾崩为止，倦勤斋这个豪华的院子乾隆一天都没来住过。

倦勤斋从东次间东前檐柱至西次间西前檐柱建成凹字形仙楼，中心置一座四角攒尖顶的方亭式小戏台，是紫禁城中现存的四个戏台之一。戏台的南北两侧及后边，均有用天然竹子搭架而成的隔断墙，与戏台连成一体，与南窗墙平行的竹隔断墙上还有一个圆圆的月亮门。戏台对面，是皇帝观戏时的座位，座位后旁侧另有小楼梯可以通到上面一层。

第一章｜御用的尊严

故宫倦勤斋是清乾隆三十七年仿建福宫始建倦勤斋坐北朝面九间卷下绘苏式彩画檐下悬乾隆书倦勤斋匾取垂暮期倦於勤之所倦勤斋即乾隆花园四进北耶是宫内最为華的建筑。

倦勤斋西汉女間室内有凹字形似槽

按照故宫宁寿宫花园北端倦勤斋院内奇石所绘

皇极殿是故宫里的"养老院"

故宫是永乐十八年（1420年）建成的，在南三所（皇子读书处）的北面有一片区域叫宁寿宫。它始建于清康熙二十八年（1689年），初名宁寿宫。乾隆三十七年至四十一年（1772—1776年）改建后，改称为皇极殿。

此宫殿的品级仅次于太和殿，单层的汉白玉基座上，丹陛左右分别安置了日晷、嘉量，这是体现皇权的陈设。也就是说天下的时间、度量衡，都是我说了算。另外，殿里有一对故宫里最大的大象，这对景泰蓝的大象做工极为精致，后背驮着的也是景泰蓝的花瓶，寓意"太平有象"。

嘉庆七年（1802年）、光绪十年（1884年）先后对此殿进行了修葺。到了光绪二十年（1894年），又在这里给慈禧太后举办了六十大寿，这排面就更大了，为了给老佛爷做寿，连这片宫殿的彩绘都给改成了苏式的。

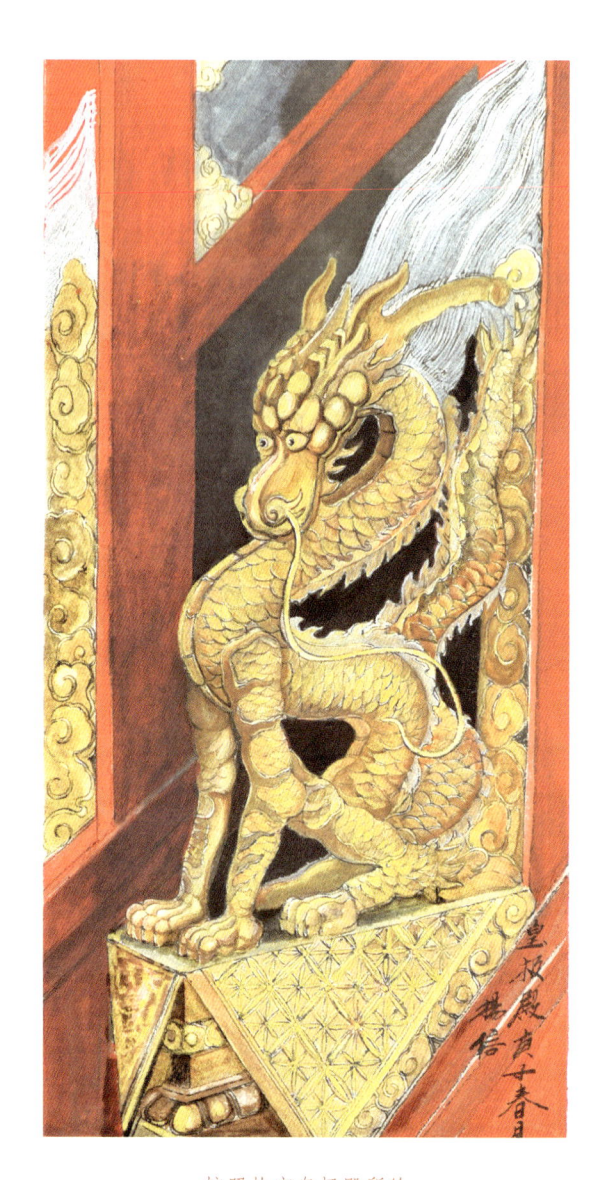

庚子年（1900年）之后，她还在这里接见了九国使臣。光绪三十年（1904年），慈禧太后又在这个宫殿过了七十大寿。慈禧崩逝时，则是在这组建筑里举行了隆重的"告别仪式"。

按照故宫皇极殿所绘

椒图：龙生九子之一

铺首，其实就是古代大门的门环，大多是兽首衔环之状，是含有驱邪意义的传统建筑门饰，有一定的实用功能，但更多是为了遮挡邪气。这不光是普通人家大门口的标配，在故宫里的任何一个门上，都装点着铜或鎏金的铺首，再加上九横九纵 81 颗铜制门钉，外层鎏金，光彩夺目，显得皇宫华丽雄伟，撑起了皇家的气派。

官宦人家的铺首一般是虎、狮、螭等猛兽，怒目、露齿衔环，将威严气象安到大门上。早期秦咸阳宫遗址出土青铜铸件铺首的实物，造型为虎头变形，双目圆睁、铸纹流畅，是模仿螺蛳的图形。后期形式上未曾有过改变，变化的只是源出。早期出现的螺为水族，归于龙的家族应该说是顺理成章的事。因此变成龙子之一，人们也就给它起了个雅号叫椒图。

龙子椒图，也是兽首衔环，其形似螺蛳，性好闭口，它最反感别人进入它的巢穴。为避祸求福，用椒图作家门铺首也寓意是自家的事能滴水不漏。数千年来，大门上保护人财安全的椒图便一直都没有下岗。

按照故宫隆宗门椒图所绘

祥瑞中國

按照故宫乾隆花园中盆景所绘

盆景：乾隆花园之最爱

1776年，乾隆皇帝为自己归政退隐所营造的私人园林（乾隆花园）已接近完成，这是一座小巧玲珑的宫廷花园，其中充满嶙峋怪石、参天古树、亭台楼阁和各种诗情画意的意境。

从紫禁城南部开始，巨大、高耸的宫殿坐落在开阔的院落中，象征着至高无上的地位，也令文武百官感觉到自身的渺小与卑微。

而在三大殿的东北方向，则是宁寿宫，精巧的乾隆花园就隐蔽在此。除去精巧的连廊、宫殿，连院子里树木浮出地表的根部，都被古代匠师用瓦片拼成的植物叶形的画框圈起，令它得以自由呼吸。

在花园的东部围墙下面，红色墙面衬托着一块放置在基座上的石头，石头的确看不出来有何精致，简直就是林中小溪边上最普通的石头。只有走近才发现，造园设计师为了这块石头，在汉白玉基座上雕刻出激流漩涡，奇形怪状的海兽在波涛中涌现。这块郑重其事放在这里的石头，原来是一座海里升起来的山峰。

这是一个微观世界，它仅仅是这座花园中许许多多微观世界中的一座，而花园本身，同样是一个微观的世界。

祥瑞中國

按照故宮養心殿看門的鎏金獅子所繪

养心殿看门的狮子最精细

故宫养心殿,在故宫内廷后三宫的西侧,西六宫的南面。初建于明嘉靖年间,一直都是皇帝的便殿。自从清雍正开始,这里便成为皇帝的主要居所和日常理政之处,遂成为清代皇帝实际上的正寝。

"养心"意为涵养心性,清初顺治皇帝病逝于此。康熙年间,这里曾经作为宫中造办处的作坊,专门制作宫廷御用物品。到了乾隆年间又加大规模改造、添建,成为一组皇帝集召见群臣、处理政务、读书、学习及居住为一体的多功能建筑群,也包括皇帝自己独享的小御膳房(在养心门南侧)。一直到清灭亡,溥仪出宫,清代共有八位皇帝先后居住在养心殿。

养心殿,为工字形殿,明间、西次间接卷棚抱厦。前檐檐柱位,每间各加方柱两根,外观似九间。皇帝宝座设在明间正中,上悬雍正御笔"中正仁和"匾。明间东侧的东暖阁内设宝座,向西;明间西侧的西暖阁则分隔为数室,上悬"勤政亲贤"匾。乾隆皇帝读书的三希堂、理佛的小佛堂、梅坞等是皇上休息、工作的地方。

养心殿的后殿是皇帝的寝宫,共有五间,东西稍间为寝室,各设有床,皇帝可随意居住。后殿两侧各有耳房五间,东五间为皇后随居之处,西五间为贵妃等人居住。同治年间,两宫皇太后垂帘听政时,慈安住在东侧的体顺堂,慈禧住在西侧的燕禧堂,皇上可随时登临前堂处理政务,的确十分方便。

在养心殿前,有一东西狭长的院落,有琉璃门,曰"养心门"。在养心门两旁有两只鎏金的狮子,体量应该是故宫里最小的,但做工堪称一顶一的精彩,面目也比故宫其他狮子显得慈善了许多。

乾隆十五年(1750年)在养心门门外又添建连房三座,房高不过墙,进深不足4米,为宫中太监、侍卫及值班官员的值宿之所。

蜥蜴出现在慈宁宫绝非偶然

慈宁宫,是中国古代宫殿建筑之精华,始建于明嘉靖十五年(1536年)。明朝时慈宁宫为前代皇贵妃所居。清朝的前期和中期是慈宁宫的兴盛时期,当时的孝庄文皇后、孝圣宪皇后都先后在这里居住过。

2015年,故宫正式开放了慈宁宫,此前这里一直都充当着库房的角色。在这座宫殿重修的时候,发现了许多神秘的事情,就像工作人员说的那样:"慈宁宫里发现了非常诡异的雕刻。"有人会问,雕刻有什么好奇怪的?问题就在于这个雕刻在整座紫禁城里,只有在慈宁宫里才出现了。更奇怪的是,这种雕刻似乎不该出现在活人居住的地方,因为它在清朝的陵墓里倒是经常出现,而在活人住的宫殿里还是首次发现。这个让所有人感到奇怪的雕刻,就是在慈宁宫与慈宁门两个门口丹壁石上出现的两只蜥蜴。

传说蜥蜴有一种特殊的功能:每天喂它朱砂,当吃掉7斤朱砂的时候,将它杀死,阴干,磨成粉末,再用朱砂调成汁,将其点在女人身上,就成一个红点。一般点在前额和臂膀等容易看到的部位,如果这个女人红杏出墙,那红点会立即消失,以此检验女人的贞洁。

蜥蜴的另一种叫法是"守宫",在古人的传说中,祥云出自蜥蜴之口。在故宫慈宁宫石雕的蜥蜴口中,也确实吐出了一缕祥云。

康熙皇帝非常怀念自己的祖母,在其去世后一直不忍下葬,这里曾经存放孝庄皇太后的棺椁长达37年。这么长的时间,康熙皇帝是不是想把慈宁宫当成孝庄皇太后的陵墓呢?历史上,慈宁宫在孝庄文皇后住过以后,的确就再没有其他人住过了,如果康熙真是想把慈宁宫她的陵墓,那么在慈宁宫出现了"守宫"的雕刻,似乎也有一定的情理。

第一章 | 御用的尊严

按照故宫慈宁宫门口雕刻的蜥蜴所绘

故宫慈宁门前的瑞兽麒麟

慈宁门,是故宫内廷外西路慈宁宫的正门,清乾隆年间随改建慈宁宫时一并拆建。慈宁门为殿宇式大门,面阔5间,进深3间,黄琉璃瓦歇山顶,坐落于汉白玉须弥座上,周围环以石雕望柱、栏板。门前出三阶,当中设龙凤御路石,阶前左右陈列着瑞兽铜鎏金麒麟一对。

麒麟与凤、龟、龙共称为"四灵",故也被称为圣兽王,传说是神的坐骑。其形似鹿,头上有角,全身有鳞甲,牛尾,后经人进一步演绎,变成《毛诗正义》中所描述的:"麟,麇身、马足、牛尾,黄毛,圆蹄,角端有肉。"也许是受神龙启示,先人在麇身上饰以鳞甲,将其头改为龙首,并宣扬其口能吐火、声音如雷,是能活两千岁的瑞兽。就这样,威武的麒麟重装上阵,横空出世了。

雄名麒、雌名麟,合称麒麟,它们往往现身于天朝太平盛世年代。在《太平御览》中有"王者德化旁流四表,则麒麟臻其囿"之语。《礼记·礼运》却又载:"天不爱其道,地不爱其宝,人不爱其情,故……麒麟在郊薮。"麒麟犹如时代的风向仪,太平祥和则麒麟亲近,礼崩乐坏则麒麟远遁。可见麒麟成了世态炎凉的代名词。

清朝顺治十年(1653年),孝庄文皇后始居慈宁宫,自此成为太皇太后和皇太后的住所,太妃等人随居。顺治、康熙、乾隆三帝都以孝出名,慈宁宫里也常举行为太后庆寿的活动。道光之后,随着清王朝走向没落,国库空虚,当时的恭慈皇太后(孝和睿皇后)不得不缩减宫中开支,慈宁宫才逐渐失去了往日的辉煌。

故宫慈宁门前摆放了唯一一对金麒麟,寓意不言而喻。麒麟是走兽中的长者,有了麒麟才有其他走兽。慈宁宫住的是皇太后、太妃等辈分高的长者,因而宫前置麒麟是希望太后洪福齐天。麒麟是中国传统神兽,性情温和,是一种深怀灵德的仁兽。因此,慈宁宫作为皇太后、太妃颐养天年的地方,门外置麒麟,也是皇上敬老美德的表现。

性善的麒麟,把它的化身投向民间,便有了"麒麟送子"一说,老百姓期望它能带来丰年、福禄、长寿与美满。

第一章　御用的尊严

故宫慈宁宫麒麟

按照故宫西路慈宁门前一对鎏金麒麟所绘

甪端：万岁爷身边的通讯员

在故宫，很多宫殿内的宝座前方，一左一右都摆放着一种神兽，很多人都不知道叫什么，比如太和殿宝座前、保和殿宝座前、养心殿宝座前、寿康宫宝座前等。是什么神兽让万岁爷如此爱戴呢？其实它叫甪端。

它和兄弟麒麟一样，属于我国汉族神话传说中的"独角神兽"。其外形怪异，头上有一犀角，狮身、龙背、双耳、二目圆睁、口微张，熊爪、鱼鳞、牛尾、足下踏蛇（明代款）。《宋书·符瑞志》曰："'甪端'日行一万八千里，晓四夷之语。圣主在位，明达方外，幽远则奉书而至。"

另据《元史》卷 1《太祖纪》、卷 146《耶律楚材传》记载："甲申，帝至东印度，驻铁门关；有一角兽，形如鹿而马尾，其色绿，作人言，谓侍卫者曰：汝主宜早还。帝以问楚材，对曰：此瑞兽也，其名'甪端'，能言四方语，好生恶杀。此天降符，以告陛下。陛下天之元子，天下之人，皆陛下之子。愿承天心，以全民命，帝即日班师。"

这段话大概意思是，1398 年 12 月，成吉思汗率领强大的蒙古骑兵攻打印度，部队攻到印度河，遥见河水蒸气磅礴，日光迷蒙；将士们口干舌燥，纷纷下骑饮水，忽见河滨出现一大怪兽，发出酷似人音，仿佛有"汝主早还"四字。耶律楚材乘机对成吉思汗说，这种瑞兽名叫甪端，是上天派来儆告成吉思汗的，为了保全民命，应尽早班师。成吉思汗于是奉承天意，没有行进，回马班师。成吉思汗当年遇到的，应该是奥卡狓（四肢细长，形如长颈鹿，是世界上最珍稀的动物之一，仅分布在非洲扎伊尔东部的热带雨林地带）。

相传，甪端护卫在侧，显示皇帝为有道明君，身在宝座而晓天下之事，做到四海来朝，八方归顺，护佑天下太平。因此，故宫的重要殿堂里，甪端成了皇上临朝听政的标配。

第一章｜御用的尊严

甪端，故宫养心殿神兽
己亥初春吉日 杨信

按照故宫养心殿甪端所绘

祥瑞中國

按照故宫断魂桥狮子所绘

紫禁城内触景生情的断魂桥狮子

故宫里原有三座桥，都是建于元末明初。其中两座桥随着朝代的更替没了踪影，留下唯一的桥——断魂桥，也称断虹桥。

在断魂桥的34根望柱上，都雕刻有一圈连珠莲花须弥座，每尊须弥座顶上又都雕刻着形态各异的石狮子，有的石狮身上还刻有小石狮，或一或二，造型极为生动，活泼可爱。这组石狮大小共计34只，没有一个重样的，且雕刻的都十分精美。当中唯有一尊石狮，表现出痛苦呻吟的模样，"左手捂裆，右手捂脑"，与其他狮兄弟们的神态相差甚远。

清道光继承大统以后，皇长子奕纬日渐膨胀起来。一天，上书房的师父留作业，奕纬不交，师父劝诫他："以后皇位保准是您的，您不好好学习我怎么跟皇上交代呀。"不想奕纬说出一句十分骇人的话："等我当了皇上，就先杀了你们这帮师父们！"这句话可把师父们吓得连连告饶，随后就向道光皇帝打了小报告，如实汇报了奕纬的学业。

道光皇帝气不打一处来，当下传旨让奕纬速速面见父皇。奕纬来了以后，道光皇帝就踢了他一脚，谁也没想到这一脚踢得真不是地方，直接踢到了奕纬的下体，结果要了亲儿子的命，年仅23岁。

道光皇帝本来就是想吓唬吓唬奕纬，但是没想到真给踢死了，估计当时也没想踢那么重。道光十分后悔，后来将奕纬以"贝子礼"的规格下葬了。

奕纬死后不久，道光皇帝坐轿路过断魂桥，看到东侧从南数第四个石狮子，右手抓挠着脑后，左手紧捂着裆部，痛苦不堪的神态，不禁想起不久前自己曾将长子奕纬踹死的情形。便立即命人用红缎子将此石狮子遮盖了起来，从此故宫内有了"断魂桥的狮子，套上了"一说。

咸丰继位后，再次追封了自己的这位大哥为隐志郡王，并把载治过继给了他。

景仁宫门前的戗兽是周桥的遗物

提起故宫断虹桥,很容易让人联想起杭州西湖的断桥。断虹桥位于故宫太和门外、武英殿以东,南北向,长18.7米、最宽处达9.2米,为单拱石券,横跨于内金水河上。此桥建于何时,至今仍有争议,一说是明初建北京皇城时修的;另一说是元代北京城中轴线上的建筑物。不管是元还是明,这座桥的历史有好几百年是肯定的。由于断虹桥是建在皇城里的御用桥,所以桥面是汉白玉巨石,两侧石栏板雕刻着龙纹图案,望柱上的石狮子神态各异、栩栩如生。

究其名之出处,史料尚未详细记载,故关于断虹桥的传说非常之多。比较普遍的说法是:断虹桥始建于元代,为元大都宫城内周桥遗物。所谓周桥,相当于现今紫禁城大内的内金水桥,位于大都城之中轴线上。明清两朝的紫禁城是由原元大都宫城改建而成的,元大都宫城的正门内有三座桥跨于河上,这就是周桥。

明成祖朱棣迁都北京后,将中轴线向东移了几十米,桥西便是武英殿、西华门,三座桥显得有些多余,于是拆掉两座只剩下一座,故名断虹桥。虽然两座桥被拆,但它们的8只靠山兽却幸存下来,又被明清皇家加以利用,配上图画大理石板做成了石影壁,立于永寿宫、景仁宫两座宫院的门内,这也是宫廷旧物再利用的经典案例。

第一章｜御用的尊严

按照永寿宫、景仁宫两座宫院靠山兽所绘

故宫里的佛像

世界上规模最大的古代宫殿建筑群故宫，也包括了明清时期的佛教文化的发展。那么你可知道，故宫中设有多少佛堂吗？事实上，故宫中独立的佛殿有 30 多座。无论是帝后日常起居的寝宫内，还是休闲游乐的花园中，都有理佛之所，这些构成了紫禁城中的佛教世界。

故宫内佛堂的使用是因人而异的，皇帝、皇后、妃嫔、皇太后、皇子们等使用的佛堂都有不同。中正殿区、宁寿宫区佛堂基本为皇帝专用，慈宁宫区、慈宁花园区佛堂为太后妃子们礼佛之所。

康熙三十六年（1697 年），清朝建立宗教管理制度，并设立了一个专门机构——中正殿念经处。中正殿，指以中正殿为中心的一组佛堂建筑，包括中正殿、香云亭、宝华殿、雨花阁、梵宗楼等共 10 处。这也是故宫中唯一一处聚集众多独立佛堂的宫殿。中正殿主要供无量寿佛，每逢皇太后、皇上万寿圣节，都要有 36 人在此诵念《无量寿经》十日，以此为皇上、太后祝福延寿。

慈宁宫大佛堂在慈宁宫后殿，因孝庄文皇后崇信佛教，逐渐成为宫内规模最大的佛堂。大佛堂内佛龛、经卷、佛像、法器等陈设众多，其中供奉的三世佛、护法力士和十八罗汉像均为传世精品。

慈宁宫花园不到 7000 平方米，在花园西南处，是专供太皇太后、皇太后、太妃嫔们休憩、礼佛的地方，亦有许多独立佛堂，如咸若馆、宝相楼、吉云楼等。除了独立佛堂，还有一类是建在暖阁中的暖阁佛堂。这种佛堂相对较小，在建筑内部一分为二，一边设为书房，一边设为佛堂。当然，无论是高大的独立佛堂，还是简便的暖阁佛堂，都显示了当时皇室日常生活与佛教信仰之间的密切联系。

故宫里的造像，有泥塑、夹纻、石雕、木雕、铸铜等各种材质的，装饰手法上也有贴金、描金、鎏金、金漆、彩绘等。自西晋、北魏、唐，到宋、辽、金、明、清各代都有，历经千年的岁月，能较完好地保存至今，尤为难得珍贵。

第一章 | 御用的尊严

故宫佛像
乙亥端午瑞信

按照故宫收藏的佛像所绘

祥瑞中國

故宮雨花閣
乙亥楊信

按照故宮雨花閣鎏金銅龍所繪

故宫神秘的雨花阁一直都没开放

故宫现存的佛堂，长期以来一直处于封闭状态，其中有九座保持着原本的内部陈列，被称为原状佛堂。其中雨花阁不仅不对外开放，还派了专人看守，更增加了它神秘的色彩。

雨花阁坐落在紫禁城内廷，外西路春华门内，是故宫西路宫殿建筑群中最高的一座，也是故宫内密宗神殿中最大的一座。这座佛堂形制奇特，汉式的单檐攒尖顶，上覆鎏金铜瓦，顶立鎏金喇嘛塔，四脊装饰藏式铜鎏金蹲龙，建筑内外大量采用了藏传佛教的装饰元素，是清宫建筑群中唯一的汉藏合璧式建筑。到底这个宫殿有哪些不同？藏着什么秘密呢？

雨花阁是乾隆依照西藏地区的佛寺风格建造而成的，主要供奉的是藏传佛像。雨花阁是楼阁式的建筑，从外面看，会以为有三层楼高，但是在一层、二层之间有一暗层，所以雨花阁实际上是有四层的空间，称为"明三暗四"。

这楼阁里面到底藏了什么稀世珍宝？雨花阁的四层，同样供奉的是佛像，只不过这个佛像名为"欢喜佛"。第四层门口贴着"证最胜因金界庄严欢喜地，赞无量寿宝轮拥护吉祥云"。末代皇帝溥仪曾经解释过雨花阁第四层的神秘，说佛像是关于男女之事的。如今雨花阁从没对外人开放过，里面到底还藏着什么，玩笑说，也许只有溥仪知道了。

石别拉：故宫的报警器

皇宫中，有个不引人注意的神秘装置。这个装置很神奇，只要敌人一闯入皇宫，皇上立马就可以知道；待敌人冲进宫中，皇上也早就跑了。想刺杀皇上，那可是比登天还难。这个装置是什么呢？其实就是宫里的石别拉。在紫禁城这么特殊的地方，当然得有自己独有的警报系统，石别拉就是其中之一。

石别拉，又称石海哨，它是利用汉白玉栏板的望柱头改造而成的，是一种快速报警装置。一旦发现敌情，能迅速把危险信息传递到故宫各处，而且它只使用一种形状的望柱头，就是莲瓣形柱头。

故宫中的望柱一般为汉白玉石材制作。望柱分柱身和柱头两部分，莲花瓣形状的柱头上面有二十四道弦纹，这种柱头的级别非常高，也叫作二十四节气柱头。普通的莲瓣望柱头，是块实心的石头；用于警报的石别拉，则是把莲瓣柱头里面挖空，形成了空心葫芦状。当年在前三宫这一带值岗的禁军，每人身上都带着一种三寸长的小铜角，也就是用铜做的一种像牛角一样的小号，一旦遇到危险，比如说有敌人入侵或者火灾等，他们就会把铜角插到石别拉孔中用力地吹响。这等于起到了放大声音的作用，靠的是空腔的混音，整个紫禁城都能听得到。

石别拉是一个带有满语风格的名字，"别拉"应该是"筚篥"的转音。"筚篥"是一种古代管乐器，即觱篥，也称"管子"，多用于军中和民间音乐。最早见到档案记载，石别拉是顺治帝命人在前三宫设置的。警报系统传递路线如下：

第一步：午门阙亭的侍卫敲响警钟，钟声传至太和殿广场。

第二步：太和门广场侍卫听到警报声，吹响石别拉，声音可传至东华门、西华门、三大殿、乾清门。

第三步：乾清门的侍卫听到警报声，再吹响石别拉，声音便传至景运门、隆宗门、坤宁门。

第四步：坤宁门的侍卫听到警报声，又吹响附近的石别拉，声音传至神武门。

第一章 | 御用的尊严

故宫太和殿石别拉玉玺瑞信

按照故宫的报警器石别拉所绘

089

御猫：故宫 600 年留下来的神兽

故宫是一座城，人们朝拜那个神一样的男人，他就是天子。然而这么大的院子，仅仅只有一位天子，或许也是太孤单了。如同上帝为伊甸园中的亚当、夏娃招来百兽，紫禁城或许该有更多神兽和动物，在这宏伟的殿宇中与帝王相伴。

要说故宫 600 年留下的神兽，不是甪端，更不是麒麟，而是一群活着的御猫。紫禁城，是明清帝后居住之所，御猫被养在深宫大院中，卧于君王左右，享受着贵族般的待遇。这些皇帝后妃养宠物，除了排解现实压力、获得心灵慰藉，也有昭示祥瑞、赞颂太平的意思。

故宫猫很有灵性，多数时候都在固定的区域内活动。据说"猫主子"们一般出没在景仁宫、永和宫、武英殿这几个地方，而珍宝馆能碰到的概率几乎是百分之百，但它们从未有抓挠古建筑的，跑到皇帝寝宫里卖萌更是万万没有的。

宫廷宠物猫

宫廷御猫可追溯到明朝，明朝皇帝在宫中专门设立了"猫儿房"，选天下最美、最可爱的猫送进宫中成为御猫。清朝有一个档案，专门记录这些宠物猫的来历和名字。因此，宫里现在不少的猫，是生活在深宫里御猫的后代。随着清朝统治的结束，这些御猫再没人管理了，也没有办法从深宫里面出去，就成为流浪猫了。

明仁宗朱高炽虽养了许多珍禽异兽，最宠的却是猫。他曾亲笔画了一张有七只毛色不同、姿态各异的小猫的画，命杨士奇题跋文。杨士奇苦思冥想，认真推敲，最后将三首赞语恭恭敬敬地题于画卷之上。第一首中的"静者蓄威，动者御变"和第三首中的"乐我皇道，牙爪是司"，明则写猫，实为喻人颂圣。

明宣宗朱瞻基为了把爱猫画得栩栩如生，闲暇时便仔细观察猫的体态，揣摩猫的秉性。他曾画过一幅以猫为主题的画——《花下狸奴图轴》，两只猫儿蹲踞于石下，有着宫猫特有的慵懒高贵气质，眼睛明亮而有神采，呼之欲出，惟妙惟肖。

嘉靖皇帝二十年都不曾上朝，却经常与爱猫玩耍，尤其喜欢的是一只狮子猫（波斯猫），叫霜眉。这只猫，虽然对捕鼠不感兴趣，但却能善解皇帝的心思，整天追随在嘉靖皇帝身边，宛如一名侍从的太监，所以深得嘉靖帝的爱怜，特封之为"虬龙"。

明神宗万历，最喜欢给"喵星人"封官晋爵，经常在猫身上一掷千金，如果说他爷爷嘉靖对"喵星人"是专宠，万历对"喵星人"则是博爱。

第一章 | 御用的尊严

乾隆皇帝在位60年曾养过十几只御猫，其中一只是乾隆九年（1744年）一位意大利使者进贡的薮猫。乾隆格外青睐这只来自异域的动物，特意选了一只北宋汝窑烧制的青瓷莲花式温碗喂猫，为了让猫更方便吃食，他还令人给这只碗配了一个紫檀木座。

慈禧太后的嗜好不少，曾在紫禁城和颐和园里分别养了十几只名贵的猫，还指派几名宫女专职饲养。慈禧不时会将这些猫抱在怀里，检查它们的肥瘦和健康状况，以此赏罚负责饲养的宫女。

辛亥革命之后，宣统皇帝溥仪被迫退位，但仍居住在紫禁城的后三宫里。百无聊赖之际，便与小舅子润麒在宫中养猫、养狗，有几只名贵的猫是外国领事馆赠送的。其中一只波斯猫颇具雍容华贵之态，溥仪最为喜欢，赐名"金狮"。皇后婉容也非常喜欢这只猫，因她擅长绘画，所以还专门画了一幅《猫蝶图》。

按照故宫600年留下来的神兽御猫所绘

宫中带爪的侍卫

它们更像一位位穿越者,从时光中来,承载着 600 年厚重的历史。一砖一瓦、屋檐飞棱、花木扶疏,尽是说不完的老故事。《我在故宫修文物》《故宫 100》等纪录片都讲到了故宫御猫。去故宫,除了看文物,"撸猫"也成了如今必备的项目。

清朝灭亡后,这些猫依然生活在故宫,博物院的工作人员,根据考察,这些的确就是那些达官贵人的猫后代,决定将这些猫留下,登记造册,从此流浪猫便成了故宫的守护者,被统称为"皇家御猫"。它们会在故宫的任何角落安家落户,饿了有人喂东西,生病了还有人为它们看病。

据了解,目前故宫拥有 200 多只猫,有些是"正统"御猫们的后代,他们甚至都有自己的名字,鳌拜、花花、小崽儿、七喜、娇娇、小胆儿等。"故宫猫"白天甚少在游人密度高的地方打转,除了混不吝的几只元老爱往人堆里扎,大部分猫都会在博物院每日闭馆后,随着一层一层关闭

按照故宫的宫中带爪侍卫所绘

的宫门，出没于红墙琉璃瓦中。这群行踪莫辨、"执勤"时间诡异的"员工"队伍，在夜幕中开启捕鼠模式，不负侍卫之名。

养这些带爪子的侍卫，也是有它的原因。故宫里都是古建筑，难免被老鼠啃坏，但是遇见这些带爪子的侍卫猫，老鼠就只能乖乖就擒。这些猫非常听话，并不会破坏故宫里的任何东西，更不会在门上抓出爪印。

"鳌拜"

纪录片《我在故宫修文物》里面的猫非常抢镜。有一只黄白毛色相间的"网红猫"，形象特别可爱，所以文创作品的设计师就以这只猫为原型，设计了很多的旅游产品，受到了人们的喜爱。另外一只"网红猫"名字特别搞笑，不知道谁给起名叫鳌拜，看起来头上有一撮黑毛，把俩眼分开了阴阳，全身毛发厚厚的，相当霸气。它经常在广场上晒太阳，面对来来往往的游客以及专程来故宫"撸网红猫"的游客，它倒是一点都不会害怕，你拍你的，我玩我的，一时蹿为了"人气网红"。

按照故宫猫"鳌拜"所绘

故宫里的骆驼

在中国传统建筑里,摆放骆驼造像的很多,比如十三陵神道上就有巨大的石雕骆驼,但终归是陵墓范畴的神兽,不想画进本书,最后还是把故宫博物院里珍藏的唐三彩骆驼收录本书中。

隋唐时期,骆驼逐渐成为艺人工匠喜爱的表现题材,具有"沙漠之舟"美誉的骆驼既是往来商客的坐骑,又是商品物资的承载工具。

唐代,是中国封建社会的鼎盛时期,唐三彩是此时生产的一种低温铅釉的陶器,因其造型生动逼真、色泽艳丽而成为艺术珍品。

唐后期,唐三彩主要作为明器深埋地下,史籍中关于唐三彩的记载甚少。直到清光绪三十一年(1905年),清政府修筑陇海铁路,途经洛阳邙山,出土了大量的三彩陶器。古玩商将出土的三彩陶器运往北京,才引起金石学家的重视,一时间蜚声国内外,成为国内外藏家青睐的盛唐艺术品。

这件收藏在故宫博物院的三彩胡人骑驼俑造型写实,骆驼站立在菱形托板上,昂首引颈,作嘶鸣状。驼背上一胡人,深目高鼻,络腮胡,脚蹬高靴,手扶骆驼前驼峰。胡人肩上站立一猴,猴一爪扶人俑头部,一爪托腮,一副顽皮之相。三彩釉施釉匀净无瑕疵,配色自然,清丽而不浮华,塑造艺术和三彩釉的烧制技术都达到了极其娴熟的程度,显示了我国唐三彩技艺之精湛。

按照故宫藏唐三彩骆驼所绘

第二章　太平的盛世

太平盛世的标准是什么？词典中对"太平"的解释为社会平安、安宁，其次"盛世"的解释才为文化昌盛、经济繁荣、民生安定。这些对于一个王朝来说尤为重要。

历史上出现过很多"太平盛世"，"康乾盛世"可以说是最为人熟悉的一个。康熙帝时期，实行"盛世滋生人丁永不加赋"。清朝户部右侍郎于敏中曾对"盛世"作出评价："觐光扬烈，继祖宗未经之宏规；轹古凌今，觐史册罕逢之盛世。"

龙，是古代中国的神物之一。它长有牛头、鹿角、虾眼、鹰爪、蛇身和狮子的尾巴，通身还长满了鳞甲，是综合多种动物而生成的形象。在人们的想象中，龙是无所不能充满神力的祥兽。帝王把它当作权力和尊严的象征，后来又逐渐成了中华民族的象征。在皇家宫殿、寺庙屋脊、宫廷用具上处处都刻有龙、画着龙，百姓在喜庆的日子里也会张贴上"龙凤呈祥"的图案。

麒麟，是传说中有德性的仁兽，历代帝王都把它看作"太平盛世"的象征之一。在北京的故宫、颐和园等皇家的住地和花园里，到处能见到铜铸或石凿的麒麟，民间也遍有"麒麟送子"等吉祥图腾，祈望子嗣繁荣。

凤凰，是传说中非常高贵的瑞鸟，头顶美丽的头冠，身披五彩的羽毛，是古人综合了美丽的鸟类和其他动物的特点，想象出来的"鸟中之王"，它寓意着吉祥、太平和政治的清明。

龟，是"四灵"中唯一真实存在的动物，古人认为它具有预知未来的灵性，所以又都称它为"神龟、灵龟"。在中国，"神龟"曾经受到极大尊敬，在故宫太和殿丹陛上、帝王的宅院和陵墓里，都有石雕或铜铸的"神龟"，用来祈祝国运久远。

古代中国，人们将龙、麒麟、凤凰和龟视为有灵性的神兽，古代把它们统称为"四灵"，是保佑国家祥瑞的标志。"四灵"在"太平盛世"里被历代帝王当作权力和尊严的象征，这些图形也只有皇家和仙人才允许使用。

犼：天安门华表上食龙的蹲兽

据清东轩主人《述异记》卷中记载："东海有兽名犼（hǒu），能食龙脑，腾空上下，鸷猛异常。每与龙斗，口中喷火数丈，龙辄不胜。康熙五年夏间，平阳县有犼从海中逐龙至空中，斗三日夜，人见三蛟二龙，合斗一犼，杀一龙二蛟，犼亦随毙，俱堕山谷。其中一物，长一二丈，形类马，有鳞鬣，死后，鳞鬣中犹焰起火光丈余，即犼也。"

这里的犼，百姓俗称其为望天吼、朝天吼、蹬龙等。我们知道的观音菩萨是大慈菩萨，她的坐骑即是金毛犼，即朝天吼。

无论哪种说法，犼是保佑中国的祥兽之一。传说犼有守望的习性，是一种极有灵性的动物，通常把它雕在华表上。在天安门前的华表上，有两只面南而坐的石犼，叫作望帝归，是专门监督皇帝出巡的。每当皇帝久出不归，荒淫作乐时，它们就会呼唤皇帝："国君，快回来料理国事吧。"在城楼后的华表上，也有两只面北而坐的石犼，叫作望君出，它则是监视皇帝在宫中的举动。如果皇帝久居宫中，不理政事，它们便会催促皇帝："国君，快出宫体察一下民情吧；不要总待在宫中享乐。"

按照天安门前华表上神兽所绘

明末，承天门前的狮子"负伤了"

承天门（今天安门）城楼前金水桥两侧有两对守门的石狮子，这四只石狮子雕刻精美、栩栩如生，是明永乐十七年（1419年）留下的，高2.2米。

每只狮子的一双眼睛都全神贯注地盯着中间的御道，就像是天子身边忠实的卫士。但仔细观察这四只石狮子，金水河北岸的石狮子光滑的胸前竟然有一道非常明显的伤痕。其实这道伤痕，是灭明历史事件的见证，更和一个人有着分不开的关系，这就是"闯王"李自成。

明朝末年，李自成带领起义军，一路浩浩荡荡杀入北京城。由于明皇帝崇祯已在煤山自缢而亡，守城的官兵根本无心抵抗，很快李自成就打到了城下。把守广安门的兵勇投降，打开城门迎接李自成进城。李自成很快就打到了正阳门外，把守正阳门的明将李国祯誓死抵抗不开城门，双方打了起来，最后李国祯战败逃往皇城。

李自成随后带领大军从正阳门又杀进了大明门，远远地就看见了"承天之门"四个大字。李自成的手下禀报说：那就是承天门了。李自成拿出弓箭射了出去，接着便带领起义军向承天门冲去，看到承天门两边各有一对石狮子，这时有人大喊："小心，狮子后面有人！"李自成托起长枪，向西面的狮子扎去，一枪刺中了狮子的胸部，火星子四溅，后面才跑出一个人来，正是明将李国祯，他最终还是被起义军给生擒了。

按照天安门金水桥东侧石狮子所绘

正阳门的狮子"牙黑了"

路过正阳门，一定要停下来看看北京这座高大的城门，这座城门是举世无双的帝都九门中最大的一座。正阳门城台高12米，整个城楼通高43.65米，城楼外侧重檐以上悬挂木质大门匾，门洞开在城台正中为拱券式。正阳门箭楼是九门中唯一开门洞的城门，是专为走龙车凤辇的。深深的门洞两旁各蹲坐的一对巨大的汉白玉狮子，细心的人一定发现了，这对汉白玉狮子的牙不知道是什么时候被人涂上了墨，甚至连狮子的鼻孔里都没放过。

明永乐元年（1403年），明成祖朱棣登基后，意将都城从应天府（今南京市）迁到北京，于是下诏将北平改为北京，并从永乐四年（1406年）开始营建北京的宫殿和城垣。明永乐十七年（1419年）将元大都城南城垣向南拓展，城门沿称丽正门。

明英宗正统元年（1436年）至正统四年（1439年），又大规模修建了京师城垣和城门，修筑了瓮城、箭楼、东西闸楼，并疏浚城壕，建造石桥、牌楼，形成了"四门、三桥、五牌楼"的格局，并改称丽正门为正阳门。

正阳门自明正统初年至清末，前后历经470余年，因或失火曾多次遭到不同程度的毁坏。

清乾隆四十五年（1780年）和道光二十九年（1849年），箭楼曾两度失火被毁。

清光绪二十六年（1900年），八国联军攻入北京，箭楼再次被焚毁。

清光绪二十七年（1901年），开始修缮城楼、箭楼，清光绪三十二（1906年）竣工。清光绪三十三年（1907年），袁世凯再次主持重建。1915年，民国政府委托德国人罗思凯·格尔改建正阳门箭楼，添建水泥平座护栏和箭窗的弧形遮檐，月墙断面增添西洋图案花饰，于1916年竣工。改建后，正阳门瓮城月墙及东西闸门都被拆除。

第二章 | 太平的盛世

正陽門第一獅
丙戌末伏后三日梅培

按照正阳门的狮子所绘

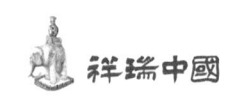

社稷坛有两只宋代的狮子

在北京中山公园社稷坛南门,有一对石狮,一左一右并排而立,均为白色蹲坐式,昂首挺胸、雄伟威严。左侧为雄狮,右前爪下踏一绣球;右侧为雌狮,左前爪下卧一幼狮。这对石狮奇特之处有二:一是直背蹲坐(一般石狮为屈背而坐);二是木槌击打,一只为铁音,一只为铜音,令人称奇。

这对石狮何年雕刻,又因何而立于此处呢?其实,明清时中山公园为社稷坛,是皇帝祭祀社神、谷神的地方。这里原本无石狮,现在这对石狮,是民国年间从河北大名县迁至此处的。

据现存资料显示,石狮是1918年从大名府临济寺门前挖出的。当初发现时,俩石狮半埋于地下,大名府镇守使王怀庆和统领李阶平出资买下,于1918年11月14日从大名起运送至北京,捐赠给了社稷坛立于徐世昌总统府前。

1966年为保护这对石狮,中山公园的老工人就地挖坑,把它们都埋入了地下。直到1971年,才把石狮挖出置于原地。

民国时期就有文物鉴定专家表示,这对狮子可能是汉唐遗物。新中国成立后北京市文物鉴定组认为这对选材考究、雕刻工艺精湛的石狮应该非民间所用,极有可能是当年陪都北京大名府宫城内的皇家用品。1956年经国家组织考古专家鉴定,这两只狮子为宋代遗物,距今已逾千年。

第二章 | 太平的盛世

按照中山公园内社稷坛外石狮所绘

呆萌的狮子在寿皇殿门前

画北京中轴线的瑞兽，躲不开景山公园里最北端的寿皇殿。寿皇殿位于景山公园的正北方，与地安门、鼓楼、钟楼一同坐落在北京的这条中轴线之上。

寿皇殿门前的两只狮子为"旧物"，与正阳门、前门、天安门等中轴线的瑞兽比起来，多了许多"呆萌"。以往的狮子都是表现威严、端正，而这对狮子的神态则更为童真，姿态也像刚要起身。大门内还有两只狮子，后背是圆圆的，颇有老态龙钟驼背的感觉。

寿皇殿，建造于明代的万历年间，后为供奉圣祖康熙皇帝的神御，完善于乾隆十五年（1750年）。乾隆皇帝为表示对先帝的尊重，重建寿皇殿，并将地址由景山东北侧移到京城南北中心线上，即景山的北面。移建的寿皇殿仿照了太庙的规制，其建筑格局远远超过明代初建时，气势宏伟并且辉煌。

寿皇殿是建筑群中的主体建筑，面阔9间，进深3间，前后带廊，前有月台绕以护栏。檐下明间悬满汉文"寿皇殿"匾额。殿内中龛匾曰"绍闻天下"，左龛匾曰"对越在天"，右龛匾曰"同天光被"。

据《钦定日下旧闻考》卷19载："寿皇殿旧在景山东北，乾隆十四年上命移建……北为砖城门三，门前古狮二，门内戟门五楹。大殿九室，规制仿太庙，左右山殿各三楹，东西配殿各五楹，碑亭、井亭各二，神厨、神库各五。殿内敬奉圣祖仁皇帝、世宗宪皇帝御容，皇上岁时瞻礼于此。并自体仁阁恭迎太祖高皇帝、太宗文皇帝、世祖章皇帝列后圣容，敬谨尊藏殿内，岁朝则展奉合祀……"历代皇帝崩逝后，生前的画像以及其后妃的画像、用过的玺印以及珍爱的文玩器物，一部分随葬陵寝，其余都置于寿皇殿供奉。

第二章 ｜ 太平的盛世

按照景山公园寿皇殿狮子所绘

九爷府的狮子比天安门的狮子还大

九爷府也叫孚王府，曾是胤祥、弘晓的府邸。1851年孚郡王奕譓成为宅子的主人，"孚王府"的名称也因此得来。

康熙皇帝去世后，胤禛即位为雍正皇帝。雍正继位后只有十三弟胤祥支持他，便封了胤祥为和硕怡亲王，并为他在今天的王府井东安商场东侧营建了新的怡亲王府。1730年，怡亲王胤祥病重，雍正皇帝亲赴王府探视，但未及见到最后一面。雍正帝为胤祥举办了隆重的葬礼，并将怡亲王府改建为贤良寺，以示纪念。

胤祥的儿子弘晓承袭了怡亲王爵位，雍正帝又为弘晓在如今的朝阳门内大街另建了一座规模颇大的新王府。

1850年，道光皇帝死后，他的第四子奕詝即位为咸丰皇帝，咸丰皇帝便封了6岁的九弟奕譓为新孚郡王。

1864年，孚郡王奕譓年满20岁，按制度应搬出皇宫，于是赐孚郡王奕譓搬进孚王府，因奕譓是道光帝第九子，故孚王府也称九爷府。

孚王府大门朱漆门扇上排列着九纵七横63颗门钉，门前矗立的石狮足有俩人多高，据说比天安门前的石狮子还要高大。

第二章 | 太平的盛世

九爺府
祥瑞八月乙亥二月
瑞信并記陶天許畔

按照朝陽門內九爺府二門"守門獅"所繪

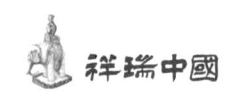

忠诚的狮子还在守护着豫亲王府

今天的协和医院是清代的豫亲王府。豫王,就是努尔哈赤的第十五子、多尔衮的弟弟多铎。多铎因为在清朝入关时立下了赫赫战功,被皇太极封为豫亲王,并且世袭罔替,为八大铁帽子王之一。当初老豫王因立有战功,御赏极丰,府第豪华、金银无数。豫王这个封号在清代是儿辈、孙辈可以世袭的。从第一代豫亲王多铎开始,到最后一代豫亲王结束,这个王府共封袭了13个王,经历了275年。

辛亥革命后,封号再不能世代相传了,而且儿孙又不争气,整日架鹰戏狗,坐吃山空,偌大的王府不久就败落了。

1913年,末代豫亲王端镇,字东屏,承袭豫亲王爵位时才4岁,他的生母是佟佳氏。当时清末代皇上已逊位两年,4岁的端镇成了豫亲王府的新主子,佟佳氏拥有了处置豫亲王府家产的实权。

1916年,占地150多亩的豫亲王府,以12.5万美元的价格卖给了美国洛克菲勒石油公司。随后,美国人将豫亲王府改建成了协和医院。

其实,私卖豫亲王府,乃至后来拍卖祖上楠木棺椁及随葬珍宝的事都是佟佳氏做主的,与顶着豫亲王名号的娃娃端镇没太多干系。

豫亲王府卖给了美国人,立了字据,也过了款,眼瞧着就要搬完了。当时府里有个80岁的老家人,是上辈儿老王爷得力的仆人,曾经跟着老王爷征南战北,苦熬岁月,是府里有功劳的老人。一天,伺候他的那个小家人给他送饭的时候,就大声地说:"咱们得搬家啦,咱这府卖啦!"啊?老家人一听,脸色就变了:"你说什么?""搬家!"这回老家人听清了。忙说:"赶紧搀着我,找少福晋去!"见了少福晋,老家人急得满头大汗,磕磕巴巴的好半天才说出话来。

"哎呀,福晋啊,咱这府卖啦?"

"卖啦,正在搬家呢。"

"哎呀,咱府里埋的那个银窖挖出来没有?"

"啊?我怎么没听说过银窖啊,您别急,慢慢儿说。"少福晋先让老家人落座儿,喘了口气儿。

"我小时候刚进府当奴才的时候,就听说过咱府里埋了大窖的银子。"

少福晋赶紧找到少王爷："您知道咱家的银窖埋在哪儿了？"

"知道个大概其，我小时候跟着祖上前辈的王爷念书，收拾书房时见过银窖图。因为咱家的银子多得没地方搁了，只好往地下埋。"可是，现在这房子已经卖给美国人了，怎么办呢？少王爷一想，赶紧找几个人连夜挖。谁知道，消息让美国人知道了，当时就带着官府人来了，拦着不让挖。人家凭着字据，钱也过来了，卖主只能"搬家"。所有的地上地下一概不许动，一块砖都不能挖。

如今，昔日风光无比的豫亲王府早已消失了踪影，但老北京人口中还会时不时地提及"王府与窖银"的事。偌大的王府，如今只有门前的那对元代的卧狮还在把守着。

按照王府井豫亲王府（现协和医院）南门狮子所绘

卢沟桥的狮子数不清

卢沟桥始建于金大定二十九年（1189年），落成于金明昌三年，是已经有800多年历史的古桥。卢沟桥之所以在北京久负盛名，缘于桥上的狮子。桥两边石栏杆上都雕有狮子，大狮子、小狮子，姿态有趴着的、卧着的、背着的、抱着的，还有骑在脖子上的、钻在肚下的。一个狮子一个样儿，栏杆上到底有多少个狮子，谁也数不清。

传说，有一位新到任的宛平县令，听说卢沟桥上的狮子数不清，非常不服气，心想，天下哪有这种事，我就不信。这天，他把师爷叫了来说："都说卢沟桥的狮子数不清，我今天就派你们去数狮子，你们数清了有赏。可有一件事，你们数的数，必须都得对上，对不上不算。"

师爷外号叫"算死草"，得了令带着兵就都到了卢沟桥头。他们排着队，一个挨一个，走一步数一下、走一步数一下，各数各的，来回走了两遍。到头来，一报数，一人一个数，就是没有相同的。到了晚上，县令想：真怪，这狮子怎么就数不清呢？莫非它们都长了腿，会走动？想到这里，他便又上了卢沟桥。这时，正是半夜子时，四处静悄悄，只有永定河水哗哗作响。县令轻轻地走到桥上，只见这些狮子正在戏耍：有的从栏杆上下来东窜西窜，有的从这个栏杆跳到那个栏杆，有的小狮子在大狮子身上来回爬滚。县令看到这里，猛地叫了起来："好哇，原来你们是活的！"他这一叫不打紧，狮子马上回到自己的地方，又一动也不动了。

原来，这些狮子是当年鲁班修桥时留下的。鲁班爷把那汉白玉的石头像赶羊似的赶了过来，做成了桥栏杆。又在每个桥栏杆上刻下了各样的石狮子，刻完以后，挨个搂头给了一锤子，从此它们便都活了起来，可是就是谁也不能离开这座桥。

卢沟桥的石狮子到底有多少只？1998年以前的小学语文教材里《卢沟桥的狮子》一文中说的是"共有492只"。近年来，卢沟桥管委会提供的最新材料显示，石狮子的数字为498只。实际上，现在卢沟桥的狮子又多了3只，是经有关部门批准刚刚修复的原来被雷电劈毁了的3只小狮子。所以，现在卢沟桥的石狮子应该是501只。

第二章 | 太平的盛世

藏在公亥初夏游倦

按照卢沟桥的狮子所绘

111

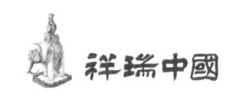

中国第二大瑞兽：颐和园仁寿殿麒麟

颐和园仁寿殿前，有一只须弥座上的铜铸异兽很是吸引人——龙头、狮尾、鹿角、牛蹄、遍体鳞甲，造型离奇怪异，是传说中具有镇恶辟邪作用的麒麟。

这尊麒麟铜像，铸造于乾隆年间，端坐于汉白玉须弥座之上。须弥座束腰，周边雕有莲瓣、缠草，座面上还雕有七珍，在麒麟前腿之间还雕有一颗宝珠，威风凛凛，给仁寿殿增色不少。

仁寿殿前铜龙、铜凤依次排列，但均为空腹，每遇大朝，当腹内燃起檀香时，香烟即从龙凤口中袅袅冒出，青烟缭绕，香气袭人。鼎式香炉是帝后举办朝会时点燃檀香之用，是皇家建筑的特征之一，体现皇权，象征威严。

古代以龙象征皇帝，凤象征皇后，标准的设置是龙居中间，凤靠边侧。但慈禧掌权后，便将这里的龙、凤位置颠倒，"凤在上，龙在下"，以彰显她的权威。

麒麟作为古代民间瑞兽之一，与孔子还有一点"关系"。传说孔子的母亲颜氏怀胎十月，路过尼山的时候，忽然肚子疼马上要生产。这时天空一阵轰鸣，一个麒麟驮着一个白胖小子，驾着五彩祥云从天而降。此时，瑞气纷呈，满天红光，麒麟童子撞进颜氏怀里，孔子就诞生落地了。

据记载，原先的一对麒麟在长春园的宫门口是完好的，但1860年圆明园遭到了英法联军的破坏。后来慈禧六十大寿重修颐和园，因经费不足，便大量运用了圆明园残损的建筑构件。颐和园现在的这对麒麟就是1937年6月才从圆明园遗址移过来的。这尊麒麟的头顶正中还有一处铭文——"大清乾隆年造"，一般游客不仔细看是注意不到的。

当时运输麒麟的过程中，它的两只前腿被弄断了，现在的两只前腿是后焊接上的，由于用的铜金属含量不同，颜色也不同，连接处还留有明显的接痕。

第二章 | 太平的盛世

颐和园仁寿殿铜麒麟

乙亥二月
群瑞呈祥
瑞信和顺
天府宗来

按照颐和园仁寿殿前铜麒麟所绘

"皇家第一门墩"在颐和园仁寿门

一进颐和园东门,就是仁寿门了,门虽然不算宽阔,但高大的门框与夹柱石浑然一体,双面两对汉白玉雕刻异常精彩大气。门外有南北9间卿房,从正面看,这个门后迎面就是一个高大别致的太湖石,它是起到影壁作用的障景石。此石倒很像一个老寿星,所以叫了寿星石。它也是从明代奇石爱好大家米万钟的宅院穆尔根园里,也就是现在的北京大学里移来的。

走进仁寿门,绕过寿星石就是一个开阔的大院落,院子四个方向各有一个形态各异的太湖石,它象征春华、秋实、冬枯、夏荣四季,所以叫作四季石。4块四季石连同寿星石,院内共有5块太湖石,象征庐山盛景"峰虚五老",想必是为了取长寿之意。

堪称完美的石刻戗柱门墩,坐落在颐和园内二门门口,整块的大理石上双面深雕,一拉溜儿就是一排,每个都异常的精美。按照颐和园仁寿门乾隆时期门墩所绘

大清无处不在的"寿":颐和园仁寿殿

仁寿殿在乾隆时期称为勤政殿,初建于清乾隆十五年(1750年),咸丰十年(1860年)被英法联军烧毁后,光绪十二年(1886年)又重建,取《论语》中"仁者寿"之意,改名仁寿殿,意为施政者长寿。

仁寿殿在室内装饰上最突出一个"寿"字,南北暖阁山墙上,分别挂有一个巨大的条幅,幅上是百只蝙蝠捧着一个"寿"字,寓意"百福捧寿"。在宝座后边的屏风上,是精雕的一共200多个不同写法的寿字,把一个"寿"字书写得穷工尽趣。仁寿殿四周房檐的滴水瓦上也刻上了寿字图案,两侧各78个,前后各128个,共计412个"寿"字。

殿内高悬金字大匾"寿协仁符",居中放着慈禧、光绪朝会大臣的宝座,宝座由极名贵的紫檀木精雕而成,椅背上雕有九条金龙;宝座四周,掌扇、鼎炉、鹤灯、甪端等皇家用品一应俱全。大殿外檐匾额:"仁寿殿",意为仁者长寿之殿。内檐匾额:"大圆宝镜",意为为政者智慧如同大圆宝镜,洞察一切。殿内匾额:"寿协仁符",意为仁与寿君子兼而有之。

1898年,光绪皇帝曾在此殿召见改良派领袖康有为,任命他为总理各国事务衙门章京,准其专折奏事,从而揭开了维新变法的序幕。但好景不长,由于封建保守势力的反对,"百日维新"终归失败。

按照颐和园仁寿殿门东西两侧的夹杆石所绘

按照颐和园宜芸馆后门乾隆时期门墩所绘

光绪禁足的地方：颐和园宜芸馆

从颐和园东门进来，过了仁寿门、仁寿殿，就到了玉澜门前。玉澜门是玉澜堂的南门，在门前左右各有一块大石头，称为"母子石"。据说这两块石头是戊戌变法失败后，慈禧太后命人从香山移来放在这里的，示意顽石尚有母子之情，而光绪皇帝却忘恩负义，不及顽石。

玉澜堂，是清乾隆十五年（1750年）所建，1860年被烧，光绪年间（1875—1908年）重建，是光绪帝在颐和园的寝宫。玉澜堂是一座三合院式的建筑，正殿坐北朝南，东配殿霞芬室，西配殿藕香榭。三个殿堂原先均有后门，东殿可到仁寿殿，西殿可到湖畔码头，正殿后门直对宜芸馆。

光绪二十四年（1898年），光绪皇帝曾在玉澜堂正殿召见握有兵权的袁世凯，希望他为戊戌变法效力。谭嗣同后来和袁世凯商议软禁慈禧太后之事。不承想，袁世凯却向总理大臣荣禄通风报信，荣禄连夜将此事报告给了慈禧太后。第二天，慈禧太后在紫禁城里发布了上谕，称光绪皇帝有恙，她要代替皇帝训政。随后慈禧太后下令杀了"戊戌六君子"，通缉康有为等人，并囚禁了光绪皇帝，戊戌变法到此夭折。

从此，慈禧每年住园时都把光绪皇帝带到园中，并将他囚禁在玉澜堂。为了防止光绪皇帝逃遁，玉澜堂东、西、北三面，通道后檐及两配殿窗内均砌砖墙与外界隔绝，门窗均被堵死，正面的通道由亲信太监日夜监视，这里彻底成为皇家内部禁足的院子，光绪完全失去了自由。

"玉澜"二字出自晋代陆机"芳兰振蕙叶，玉泉涌微澜"，意指湖光潋滟之堂。沿殿西侧向北，就来到宜芸门前。宜芸门是宜芸馆的前门，为垂花门建筑形式。宜芸馆建于乾隆十五年（1750年），原是乾隆皇帝的藏书之处，与玉澜堂建筑群相连，是玉澜堂的后院。宜芸馆后来也是光绪皇帝与隆裕皇后的寝宫。

继续向北就走出了宜芸馆，也离开这片玉澜堂的建筑群了，出此门后即是上山的小路。回首100多年前这里发生的故事，尤其是光绪皇帝人生中最后10年的囚徒生活，禁不住慨叹不已！

戗兽麒麟在寿皇殿前九举牌楼上

到景山公园，一定要看看寿皇殿门前的牌楼、乾隆皇帝手书的大匾坊额，以及夹杆石上的麒麟、狮子，这几组石兽也是在京城皇家建筑里极高品级的（麒麟、狮子共存）。

寿皇殿宫门外东、西、南三面各立有四柱九楼式牌坊一座（原为金丝楠木梁柱，现为混凝土柱，戗柱皆去除后又新补做），黄琉璃筒瓦庑殿顶，通面阔 16.2 米，带斗拱，绘以墨线大点金、金龙枋心旋子彩画。三座牌楼都是建于清乾隆十四年（1749 年）。

南牌坊：北侧额曰"昭格惟馨"，南侧额曰"显承无斁"。

西牌坊：东侧额曰"旧典时式"，西侧额曰"世德作求"。

东牌坊：西侧额曰"绍闻祗遹"，东侧额曰"继序其皇"。

景山公园内的牌楼，是帝都内唯一有"寿与天齐"夹杆石的古牌楼，也是唯一还保存有戗兽的牌楼。其夹杆石有四对麒麟和四对石狮，戗兽与夹杆石上的麒麟和石狮相互匹配，三座牌楼共安有 12 对石兽戗石。

宫门为外院正门，牌楼式拱券门三座，黄琉璃瓦庑殿顶，琉璃重昂五踩斗拱。一对石狮为元朝遗物，终日守护着大清的列祖列宗。

寿皇门（戟门）为内院正门，黄琉璃筒瓦歇山顶，面阔 5 间，进深 3 间，重昂五踩斗拱，和玺彩画。殿四周有汉白玉石栏杆，八级踏步，中间为御路。该门两旁有侧门，黄琉璃筒瓦庑殿顶，单昂单翘五踩斗拱。

1981 年 4 月 10 日晚，由于用电不慎引起火灾，寿皇门全部烧毁，后再次重建。原门外东侧原有娑罗树一株，现早已无存，只留下空空荡荡的树碗。

第二章 | 太平的盛世

景山公园
寿皇殿夹
杆石巍千
乙亥夏东
瑞珉记
顺天府肄

按照景山公园寿皇殿门前的牌楼麒麟所绘

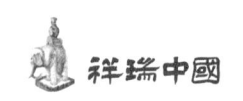

太庙：皇帝家的宗庙

太庙是明清两代皇帝祭奠祖先的家庙，位于故宫宫门前左（东）侧，始建于明永乐十八年（1420年），是根据中国古代"敬天法祖"的思想，按照"左祖右社"的传统礼制建造的。大殿两侧各有配殿15间，东配殿供奉着历代有功皇族神位，西配殿供奉异姓功臣神位。大殿之后的中殿和后殿是黄琉璃瓦庑殿顶的九间大殿，中殿称"寝殿"，后殿称"祧庙"。由于太庙是皇直系的专门祭祀场所，只有皇帝的先辈，还有经皇帝允许可在死后享用太庙待遇的大功于社稷的臣子可位列其中，并且这些臣子死后将是以郡王之礼厚葬。

大殿，是皇帝祭祀时行礼的地方，原为9间，后改为11间，黄琉璃瓦重檐庑殿顶。殿前有月台和宽广的庭院，东西两侧各建配殿15间，分别配飨有功的皇族和功臣。

中殿，供奉历代帝王神位，面阔9间，是黄琉璃瓦单檐庑殿顶。中殿东西两侧各建配殿5间，用以储存祭器。

后殿，供奉世代久远而从中殿迁出的帝后神位，面阔9间，黄琉璃瓦庑殿顶，形式和中殿基本相同。

大殿体积巨大，坐于三层台基之上，庭院广阔，周围用廊庑环绕，以取得雄伟气氛。此外，大殿内檐彩绘以香黄色为底色，配简单的旋子图案，加强了建筑物的庄重严肃气氛。

在天安门东北方向，为太庙主体建筑，天安门西为"江山社稷"，有内围墙环绕。它的南门称"戟门"，以门外原列戟120杆而得名。太庙每年的祭祀种类一般有三种方式和规格，分为大祀、中祀、群祀。大祀为皇帝亲自祭拜，中祀一部分是皇帝亲祀，大部分派官员祭祀；群祀就是官员代替皇帝去祭祀。

享祭，是太庙常规性祭祀仪式。每年春、夏、秋、冬每个季节首月的阴历初一都要进行祭祀，太庙各个地方的牌位都要捧到享殿，而皇帝会亲自来这里祭祖，被称为"四孟时享"，用当时时令的蔬菜瓜果祭祀祖先。

告祭，每遇到国家重大事情，如皇帝登基或者皇帝的大婚以及册立皇后的时候，都要去太庙的寝殿进行祭祀。

祫祭，是一年中最大规模的祭祀仪式。每年除夕的前一天，历代帝后神主都将恭请到大殿合祭。

丹陛海马：帝王权力的象征

古代宫殿，不是平地起殿，一般都是将殿建在台基上。台基上的台阶称"陛"，台阶和台阶之间的缓冲平知地称"墀"。古时宫殿的台阶道多涂红装饰，所以称为丹墀和丹陛。

在《大明会典》卷中，对皇帝的各种礼仪有完整系统的解释，比如在跪拜封太后的礼仪上、天子登基等重大节日时，一般在太和殿内设座。座前设有香案，上放宝策等物。跪拜皇太后时，皇帝要在丹陛正中跪拜，而亲王则跪拜于丹墀内，各类仪仗等陈设在丹陛上和丹墀内。

明代丹陛指的是整个大殿的大台基，而丹墀指的是大殿面前的广场及广场中间的玉石路，玉石路又被称为丹陛路。

在皇家尊享的太庙大殿丹陛上，第一层雕有海马。海马外形与天马类似，高大威猛，为祥瑞之兽。海马能在波涛汹涌、变化莫测的大海中穿行，敢于抵抗海中凶险的猛兽，是主人的忠实的助手，是勇敢、胜利的象征，是护卫帝王的海中战神。

按照太庙丹陛石第一层海马所绘

丹陛狮子：代表陆地的王者

在这一片皇家建筑中，太庙的丹陛石选材精良，制作也非常精细，被建在宫殿前主路上，有明代建筑典型的特点。上刻有祥云、寿山等。太庙大殿的须弥座是三层，所以这组明代丹陛石也是三层。

丹陛，是帝王权力的象征。以前常人是不能在皇家丹陛石上行走的，只能从它的两侧走。丹陛石又称陛阶石，是古代宫殿门前台阶中间镶嵌的那块长方形大石头。石头上都刻有不同的花纹、祥云、寿山、瑞兽等，通常是一整块石头雕刻的。

皇家尊享的太庙大殿丹陛上，第二层是六对"狮子戏彩球"，在江崖海水、江山永固、祥云中代表陆地王者的尊严。

按照太庙丹陛石第二层"狮子戏彩球"所绘

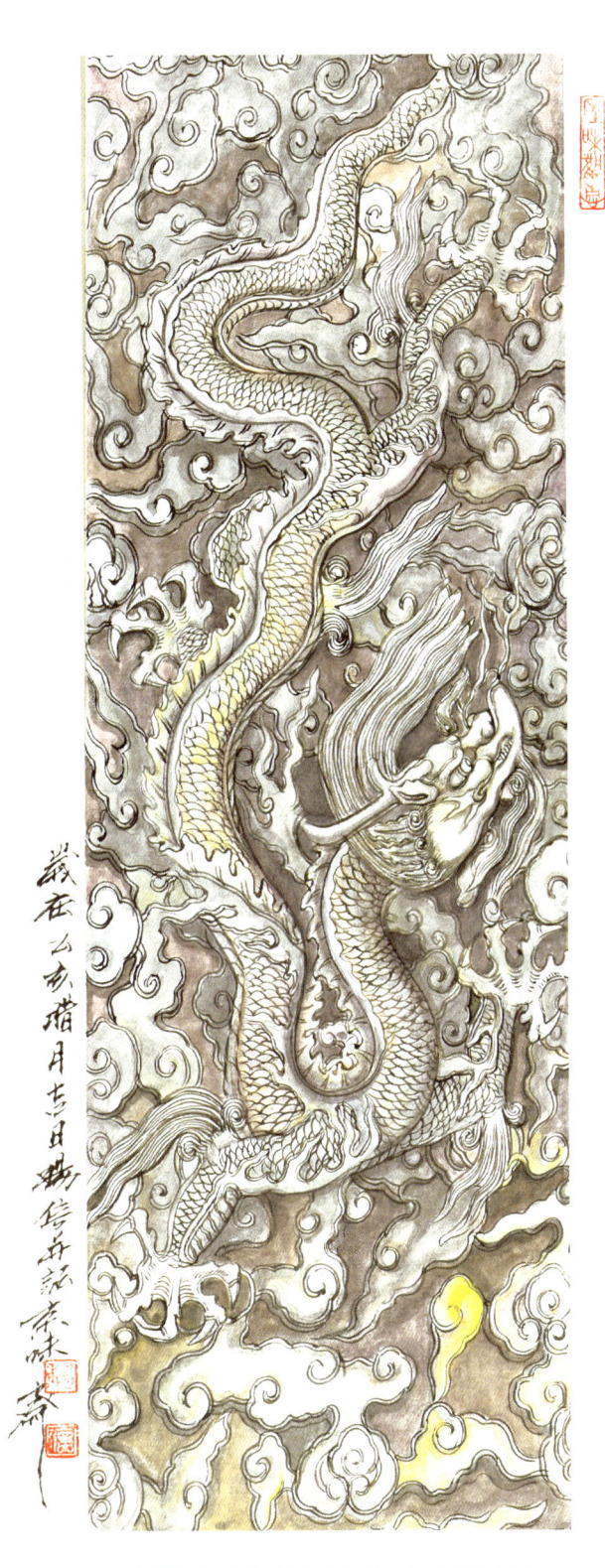

丹陛龙：国家的江山社稷

在东陵，慈禧的陵寝前也有象征中国古代女人至高无上权利的"凤在上龙在下"的丹陛石。

在太庙、天坛等著名的皇家建筑里，同样有几段丹陛石，雕刻着"二龙戏珠"。升龙与降龙代表大殿内供奉的先帝们的神灵在天界，中间雕有火焰及祥云，下方照例是江崖海水。两条龙在云雾中翻腾，寓意着江山永固，被赋予了祥瑞之气。

按照太庙丹陛石第三层"二龙戏珠"所绘

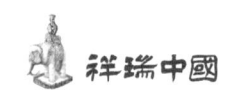

高端大气上档次的北海公园

北海已有1000多年的历史，最初这里是永定河故道，河道自然南迁后留下一片原野和池塘。

早在辽代，辽太宗耶律德光在会同元年（938年）建都燕京后，就在城东北郊白莲潭（即现在北海）建立了瑶屿行宫；在岛顶建立了广寒殿等。据《辽史》记："西城巅有凉殿（即广寒殿），东北隅有燕角楼、坊市、观，盖不胜书。"《洪武北平图经》又记"琼华岛辽时为瑶屿"。

金灭辽后，改燕京为中都，金海陵王完颜亮于天德二年（1150年）又扩建了瑶屿行宫，增建了瑶光殿。金大定三年至十九年（1163—1179年）金世宗又仿照了北宋汴梁（今河南开封）艮岳园，建立了琼华岛；并从艮岳御苑运来大量太湖石砌成假山岩洞，在中都的东北郊以瑶屿（即北海）为中心，修建大宁蠙宫。

从那以后，经历过辽、金、元、明、清五个封建王朝，皇家禁苑基本形成了今天皇家宫苑格局。其中大规模的建造是在乾隆六年至三十六年（1741—1771年）。

悦心殿琉璃龟背砖

明清以来，皇家宫苑内各式亭子花样繁多，其中以北海园内的亭子为最多且美，共有49座。这些玲珑精巧的亭子，大多镶嵌在苍林翠柏之间，分布在团城、琼岛及沿湖四周庭院中，使得原本就秀美的山光水色间又增添了另一番巧夺天工的雅致。

因其位于皇家园林内，且不说那亭子上运用的红柱黄瓦、雕梁画栋，光是亭子垂脊上的吻兽和瑞兽之多，就显示出皇家园林独有的特权和威严。其中，小西天观音殿是中国最大的方亭式大殿，垂脊上的瑞兽为7个；与它相邻的五龙亭垂脊的瑞兽为5个。这两处亭子均以黄琉璃瓦盖顶，显示出它们在众亭之中的不凡地位。

北海永安寺上面的悦心殿、善因殿，都是乾隆时期喜欢用的琉璃龟背砖，这些非常漂亮的五彩琉璃砖贴伏在房脊的坎墙上，烘托出皇家建筑之精良。

第二章｜太平的盛世

按照北海公园悦心殿琉璃龟背所绘

唯一的铜仙承露还在北海

北海公园是辽、金、元、明、清五个朝代多次修建而成的帝王宫苑，也是如今最古老、最经典、最具代表性的皇家园林之一。北海公园内原有许多景点和文物，这里的铜仙承露便是如今北京唯一保存下来的。本来圆明园还有一个，但英法联军火烧圆明园后，就没影儿了，就连原来的底座也不知道怎么跑到了中山公园里。

铜仙承露也叫作仙人承露，因其很难寻找，倒也很少有人提起。它就在琼岛西侧的山腰上，即在漪澜堂（仿膳饭庄）南面的半山腰上，顺着仿膳饭庄后面的墙边甬道攀上假山，石道通过一壶天地亭、延南薰、小崑邱才能到达铜仙承露景点。

高大的石座上竖立着汉白玉蟠龙柱，满雕龙纹，柱顶端矗立一位双手托举一荷叶造型铜盘的铜人。铜仙承露盘通高6.6米；面北立于蟠龙石柱上。因为面朝北方，所以在平台上很难看到面部（最好的观景位置在仿膳饭庄的餐厅里，而现在这里不对外开放）。此为乾隆时期所立，取材于汉武帝在建章宫设承露盘收集露水和玉屑作延年之饮。

据颜师古注引《三辅故事》："建章宫承露盘，高二十丈，大七围，以铜为之，上有仙人墩承露，和玉屑饮之。"古代人相信天上神仙会普降甘露，喝了它会祛百病，长生不老。于是，汉武帝就下令在长安建章宫内建造了一座神明台，台上有一尊手捧铜盘的铜仙人，用以承接天上降下的仙露，这仙露可为帝后拌药。

北海这座清代乾隆年间建造的铜仙承露盘，并不是接露水的，而是用来点缀景色的。仿膳的这组建筑叫漪澜堂，清朝康熙、雍正、乾隆三代帝王都曾经对北海进行了大规模的修葺和增建，尤其是乾隆时期，用了30年花了232万两白银才将北海打造得如此精致。

想画这个铜人，有好长时间了，苦于见不到真实的场景，也就无从下手。这期间想尽了各种方法查找资料，都未能见到铜人的真面目，几次在白塔周围满山遍野的溜达，后来是豁出老命从假山蹦到仿膳饭庄的后墙上，才见到了真容。

（非常感谢北海公园原园长刘伯郎、景山公园祥子大哥、北京民俗学者李俊玲老师等众人提供的帮助，才得以完成此画。）

铜仙承露盘
乙亥甘卅京味

按照北海公园里
铜仙承露所绘

"铁影壁"的传说

北海公园太液池北岸，伫立着一座很特别的小型影壁，看颜色是深赭色，像铁铸的一样，人们都管它叫"铁影壁"。影壁就是传统建筑中用于遮挡视线的照壁，这尊元代遗物呈棕褐色，由中性火山块砾岩雕成，因颜色和质地似铁故称铁影壁。壁高1.89米，长3.56米，两面浅浮雕云纹异兽，刻工古朴浑厚一大三小，带有强烈的蒙元风格。它体型不大来头却不小，甚至被奉为帝都的一件镇物。

这座铁影壁，原是健德门（今德胜门）外一古庙前的照壁，明初，被移到德胜门内果子市大街护国德胜庵。1946年，文物贩子盯上了铁影壁，为了保护它，后来将其移至北海澄观堂前，当时底座并没有一起搬走。1986年，北海公园从铁影壁胡同找回基座，终使这一文物得以完整复原。

关于这座铁影壁的民间传说，金受申在《北京的传说》中讲道：很早很早以前，苦海幽州有两条龙，在北京建了城墙以后，它们就变作了翁媪，过起安闲的日子。那时候北京城西北风刮得太厉害，一刮风就是好几天，北京城的黄土有几寸厚。夫妇俩发愁了，要这么刮下去，北京城早晚还不叫土给埋上了？这天，老头儿说："咱们出去溜达溜达，瞧瞧到底是怎么回事。"他们从健德门一出城，瞧见城墙根底下坐着俩人：一个是五十多岁的老婆婆，一个是十五六岁的小娃子，两个人都穿着土黄色衣裳，头上、脸上和衣裳上都挂了一层尘土。老婆婆手里拿着一条土黄色口袋，正往口袋里装沙土，小娃娃正往口袋里装棉花，嘴里还说着话。离着远，就只听见一句："埋不上他这个城才怪呢！"夫妻俩立刻知道是怎么回事了：那老婆婆一定是刮风的"风婆"，那小娃娃一定是布云的"云童"。风婆、云童瞧见有人来了，立刻站起来想逃走，夫妻俩赶忙上前拦住。风婆说声"不好"，拉上云童飞身就上了天空。老头儿、老婆儿随着变成两条大龙，往北追去了……

打这儿起，北京城风少了，沙土也少了，人们都说是龙公、龙婆把风婆和云童追跑了。百姓们就决定铸一座影壁，两面各铸一条龙（铁影壁上原形是麒麟），风婆和云童就不敢来了。

第二章｜太平的盛世

按照北海公园"铁影壁"所绘

替代广寒殿酒瓮的石座在法源寺

法源寺是北京最古老的寺庙之一，据《元一统志》载，法源寺始建于唐朝，初名悯忠寺，是为哀悼北征辽东的阵亡将士，诏令在此立寺纪念，通天元年（696年）才完成工程。

安史之乱时，曾一度改称顺天寺，平乱后又恢复了悯忠寺名称。唐末景福年间（892—893年），幽州卢龙军节度使李匡威重加修整，并赠建悯忠阁。阁甚雄伟，有"悯忠高阁，去天一握"之赞语。

辽清宁三年（1057年），幽州大地震时，悯忠寺被毁。辽咸雍六年（1070年）奉诏修复后又改称大悯忠寺，从而才形成今天的规模和格局。

明朝正统二年（1437年），寺僧相璿法师又募资进行了修葺，易名为崇福寺。

到了雍正十二年（1734年），该寺被定为律宗寺庙，传授戒法，并正式改为法源寺。

在寺里净业堂前有一巨大石钵，双层石座，周围雕海水花纹和山龙、海马及佛教八宝等形象，雕刻极为精美，引人瞩目。石钵就是北海团城渎山大玉海的底座，也就是当年被乾隆从道士手里买走的玉瓮的底座。

北海现存放的玉钵叫渎山大玉海，是当年元世祖忽必烈下令制作的，于至元二年（1265年）才制作完工。据说当年盛满美酒三十余石，是忽必烈大宴群臣的酒器。它被放置在琼华岛上的广寒殿中，后广寒殿失火焚毁，玉瓮便没了踪影。至乾隆时，才在真武庙中被再次发现。

据说，乾隆以千金赎走了这个老道腌咸菜的玉瓮，但并没将底座一起取走，搬到北海团城承光殿前之后，又为其专门修造了玉瓮亭并重配汉白玉石座。之后又四次对其修复加工，剔刻纹饰细部。都安置好后，觉得自己从老道庙里买走了人家腌咸菜的家什挺不好意思，于是命人又刻了一个石瓮送回并与旧底座合体。从此这两件原本一块的物件儿便分家了。

20世纪80年代，真武庙破败后，石瓮和底座被文物局安放到了法源寺。如今仔细观察石瓮和底座，确实石瓮呈现出明显的乾隆风格，底座上的纹饰倒带有浓浓的蒙元气质，本来就不是一个朝代的东西，放一块显得有点滑稽了。

第二章 | 太平的盛世

按照法源寺石瓮所绘

131

雍和宫的钟纽：蒲牢

雍和宫里的大钟，在雍和门院内东侧的钟楼内。钟楼建于乾隆九年（1744年），里面的铜钟为明成化二十年（1484年）所铸。

此钟外观大气厚重，钟纽照例是龙生九子之一的蒲牢，紧紧抓住钟身似有万钧之力。钟体西侧铸有正楷字"皇帝万岁万万岁"，下书"大明成化二十年九月吉日制"。东侧书"金范其形，声运雷霆，景旸宣动，万户耸听"，字体浑厚、圆润。钟口为莲瓣形，上有八卦图案。大钟的内壁铸满了梵文经咒，字迹工整苍劲，历历在目，国之罕见。

传说蒲牢平生好音好吼，洪钟上的龙形兽纽是它的遗像。原来蒲牢居住在海边，虽为龙子，却一向害怕鲸鱼，鲸一发起攻击，它就吓得大声吼叫。人们根据其"性好鸣"的特点，"凡钟欲令声大音"，即把蒲牢铸为钟纽，而把敲钟的木杵做成鲸的形状。敲钟时，让鲸一下又一下撞击蒲牢，使之"响入云霄"且"专声独远"。

如今，每月农历初一、初八、十五、三十及佛教节庆日均要敲钟，每次都要敲108下，为国为民祈福。关于108之数，古人认为是吉祥数，《群谈采余》载："钟声晨昏叩一百八声者，一岁之意也。盖一年有十二月，有二十四气，又有七十二候，正得此数。"

大钟在佛寺中的作用，《百丈清规》中说得很清楚："大钟，丛林号令资始也，晓击则破长夜，警睡眠，暮击则觉昏衢，疏冥昧。"故有"闻钟声，烦恼清，智慧长，菩提生"之说。

按照雍和宫大钟纽上铸造精美的蒲牢所绘

"落泪的旗杆"在雍和宫里

雍和宫在明朝本是内官监官房,清康熙三十三年(1694年),康熙帝在此建造府邸赐予皇四子雍亲王,即后来的雍正皇帝,该府又称雍亲王府。乾隆皇帝于1711年出生于雍亲王府。雍正帝驾崩后,乾隆将其改建为藏传喇嘛寺。自然,关于寺庙的传说也非常丰富,流传最广的便是那根"落泪的旗杆"了。

雍和宫里共有四根高大的旗杆,这在藏传佛教里叫塔钦——佛的经旗杆,是一根一般长约10米的木头,上缠绕着献给佛祖的印有经文的经幡。按照藏传佛教仪轨,新旧经幡的福德会得到佛祖神灵的护佑。

早在清代,雍和宫寺庙内就立起了4根木制的旗杆。两根高达30米竖立在昭泰门内;两旁的长方形石座上,两根高约20米的则竖立在雍和宫大殿露台下的东西两侧。几百年过去了,似乎谁都没怎么注意过这四根旗杆。七七事变后,它们却成为众人关注的焦点。据说一天傍晚,一名雍和宫里的喇嘛路过主殿露台下的石狮,他惊奇地发现旗杆正在向下滴水,与此同时,另一名喇嘛发现昭泰门前的旗杆也在滴水。一时间,"雍和宫旗杆会落泪"的消息便传遍了整个寺院,大家亲眼看到旗杆的铜帽处正不停地往下滴水,而那整根旗杆和石座也都被淋得湿漉漉的。有人说那是老天爷的眼泪;有人说是有菩萨在显灵。很快,雍和宫的旗杆"落泪"的消息传遍了四九城。

按照雍和宫"落泪的旗杆"底座所绘

乾隆家的青铜狮子更精细

在雍和宫天王殿门口，有一对清乾隆年间铸造的青铜狮子。这对铸铜狮虽然不及紫禁城太和殿前的高大威猛，但铸工极为精细，是铸造与镶嵌相结合的，且底座与狮子是分开铸造的，是皇家一等一的工艺。

铜狮庄严威武，头顶卷毛整齐，后背呈双盘花结图案，大方耳下垂，卷云眉，凹圆眼，圆鼓的云头鼻，张着大嘴，舌头、方牙齿和獠牙都是后镶嵌上去的，下颚两撇须髯。狮爪指，是圆关节尖棱爪，威猛张扬，气势啸傲。狮子前腿有护身铠甲，这是京城同类的石狮、铜狮所没有的。

关于这对狮子，还有一个著名的典故。据说，当年某国一外交官见过它们之后，非常喜欢，想花50万美金买了带回自己国家，寺庙主持的喇嘛当然不干了。被拒绝之后，他还不死心，直接找到周总理想"开后门"。周总理给了个软钉子："如果你喜欢这个狮子，可以常来看看！也可以介绍朋友们一起来嘛！"

按照雍和宫天王殿前东侧的青铜狮子所绘

第三章　金木水火土

五行大陆,相传是由掌管金、木、水、火、土元素的五位神创造的世界。昔日,盘古开天辟地,使洪荒空间稳定,四大先天元素渐渐地演变成混沌神兽并且各自繁衍生命。祖龙诞生出统领鳞甲、执掌海洋的龙族;元凤诞生出统领飞禽、执掌天空的凤族,始麒麟诞生出统领走兽、执掌大地的麒麟族。

在金、木、水、火、土相对应的神兽中,唯独少了一个掌管土的神兽,那么五行中属土的神兽又是谁呢?答案是黄龙。黄龙又叫应龙,最初是女娲的部下,是天上一种有翼的龙。演变到后来,黄龙作为封建皇权的象征,被用于皇家御用龙纹器皿中。左青龙、右白虎、前朱雀、后玄武,加上黄龙,统称天官五兽,人们便赋予了传说中的神兽很多美好的寓意。

四大神兽,青龙,顾名思义就是青色的龙,是东方之神,对应的是五行里的木属性,代表着万物的勃勃生机。白虎,乃是西方之神,对应的是金属性,代表着肃杀,主杀伐,所以常有白虎煞之一说。朱雀乃是南方之神,对应的是五行里的火属性,是中国古代神话中的天之四灵之一,源于远古星宿崇拜的南方之神。玄武是北方之神,代表的是五行里水的属性。

传说炎帝与黄帝合力,将四大神兽安排在东南西北的四个方位进行封印,让它们镇守四方保护天下。四大神兽守护的便是符合五行中属性土的人,就更加符合了女娲造人就是用土创造的传说。这些神兽,都是为了稳定土时空才被创造出来的。

北京的城,是严格按照五行的规律建立的。相传可追溯到明朝初年,既然民间有这种说法,统治者刚好可以利用,通过指定实物的方法,把它作为皇权神授的佐证,这与他们利用风水巩固皇权是一个道理。

东方甲乙木:皇木场神木

明永乐初年,因修建皇宫,大量木料从大运河运来,此地因此得名。故宫建成后,留下了一棵最大的金丝楠木作为京城东方的镇物。现在乾隆题写的《神木谣》碑仍放置在原皇木场,位于东三环南路黄木厂6号北京钢琴厂内。

南方丙丁火:良乡昊天塔

昊天塔,坐落在燎石岗,为京城南方镇物。这里土石皆呈红色,也恰好与五行中火的说法相对应。

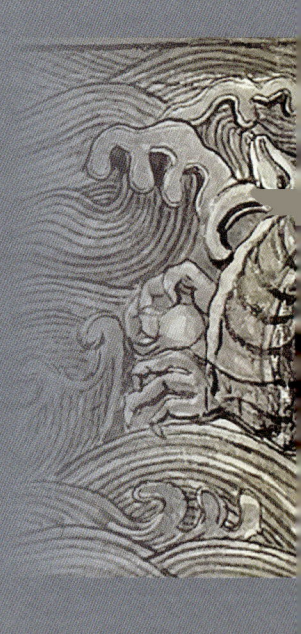

中央戊己土：煤山（景山公园）

煤山，是明朝修建皇宫时所筑的镇山，由挖筒子河和南海的土堆积而成，清初改称景山。清朝沿用了明朝的宫室建筑，城市中心仍在景山。

西方庚辛金：永乐大钟

大钟寺的永乐大钟，是明迁都后取定鼎北京城之意，是皇权的重要象征。据记载，铸钟的地点在钟鼓楼西的铸钟厂胡同，钟铸好后先是安放在嵩祝寺（明代的汉经厂和番经厂），不久后移至万寿寺，清初又移至现址大钟寺。

北方壬癸水：昆明湖

玉泉山昆明湖水，是皇家园林的重要水源区，也是皇城用水的水源。当时，玉泉山流过昆明湖后，再经高粱河入西直门水关，最后引入皇宫，进皇宫的水道还设有过滤装置。玉泉山昆明湖的水因其特殊地位而成了京城北方的镇物。

"五行"之间，相互依赖，天若无土，就不能覆盖大地；地若无土，就不能承受地上万物，五谷粮食也无处生长；人若无土，就不能自然繁衍，因此天地人不可无土。木若无土，有失栽培之力；火若无土，不能照四方；金若无土，难施锋锐之气；水若无土，就不能水借地势流溢四方。土若无水则无木，不能长养万物；无火无金，这就是五行不可或缺的道理。

金位：大钟寺

位于北京的大钟寺（原名觉生寺），因有明代永乐年间铸造的大钟而得名。其实不光大钟出名，这里还聚集了大量的龙子蒲牢，伴随着帝都收集过来的大钟，它们永久占据着北京的金位。

蒲牢形似龙但比龙小，好鸣叫。薛淙《西京赋·注》曰："海中有大鱼曰鲸，海边又有兽名蒲牢，蒲牢素畏鲸，鲸鱼击蒲牢，辄大鸣。凡钟欲令声大者，故作蒲牢于上，所以撞之为鲸鱼。"后以蒲牢为钟的别名。

第三章 | 金木水火土

京城四子蒲牢聚集地大钟寺

按照北京大钟寺蒲牢所绘

钟楼有段悲伤的传说

钟楼在北京鼓楼以北约100米处，原是元代万宁寺的中心阁，始建于至元九年（1272年），后毁于大火。在明永乐十八年（1420年）与鼓楼一起重建，后相继被毁。到了清乾隆十年（1745年）才奉旨重建，为了防止火灾，建筑全部采用了砖石结构。

钟楼正南中门内，有座清乾隆十二年（1747年）重建的钟楼碑一通，螭首方座，碑首题额《御制重建钟楼碑记》，碑阳为经筵讲官户部尚书梁诗正奉敕敬书碑文。

钟楼，主楼上覆盖黑琉璃瓦绿剪边覆顶（黑象征水），下有汉白玉须弥座承托，底层基座上四面均开有券门，楼内正中立有八角形的木钟架，悬挂有"大明永乐吉日"青铜大钟高7.02米，直径3.4米，重63吨，钟声浑厚有力，洪亮绵长，方圆数里都能听到。巨大的钟纽，与大钟寺里明万历年间铸的"永乐大钟"一样，并没有铸出蒲牢。

相传，钟楼原有一口铁钟，但声音不够洪亮，于是皇帝下令召集天下工匠来铸钟。三年过去了，铜钟仍然没能铸好。皇帝大怒，限令80天内铸好大钟，否则把全体工匠处斩。

铸钟掌作的师傅名叫华严，是当时有名的铜匠。为了铸造这口大钟，他是茶饭不思、夜不能寐，耗尽了心血。这天回到家里，他嘴里仍然念叨着："什么原因呢？怕是缺了什么东西吧！"16岁的女儿华仙见父亲愁眉苦脸好多日子了，忙上前说："爹，是不是因为火候不到？"老铜匠一拍腿："有道理！不过，如何提高炉温呢？""我有办法"，华仙胸有成竹地说，"铸钟那天您带我去吧。"

期限马上就要到了，朝廷命官、大小工匠也都到齐了，可炉温仍然上不去。就在这时，一个姑娘突然从人群里飞奔出来。她穿一身红袄红裤，着一双绣花小红鞋，纵身跳进炉去。华严一把没抓住，只抓住一只绣花小鞋。刹那间，炉火升腾，铜水翻滚。老铜匠忍痛下令："铸钟！"工匠们一齐努力，铜钟终于铸成。后人为了纪念这位为铸钟而献身的美丽姑娘，尊她为铸钟娘娘。

传说归传说，但钟楼西侧小黑虎胡同里倒真的有一座金炉娘娘庙，笔者也多方求证，得到当初铸钟娘娘庙原始珍贵资料。

（非常感谢钟鼓楼文物保管所原所长王芯女士提供资料）

第三章 | 金木水火土

按照钟楼明代钟王所绘

141

黄木场：北京永远缺失的木位

《清朝野史人观·京师五镇》载："京师俗传有五镇。"

五个方位分别对应金、木、水、火、土之五行，每个方位正好可以占两个天干。于是，有了东方甲乙木、南方丙丁火、西方庚辛金、北方壬癸水、中央戊己土的说法。且还有，东镇沂山之神，南镇会稽山之神，中镇霍山之神，西镇吴山之神，北镇医巫闾山之神一说。从列举的五镇之物来看，此番言论应该形成于乾隆年间。

东方之镇的黄木场，又称之为皇木厂、神木厂。在广渠门外、通惠河相邻之处，是明代永乐年间存放木料的地方。据记载，此皇木场属于工部，也就是说这里的木料都属于皇家。其实，早在永乐年间，明成祖朱棣就分派各路大臣前往湖南、湖北等地采伐木材，这里也就陆陆续续堆积了大量木材。

据说，在这些木材之中不乏巨木，特别是当时人们称之为樟扁头的巨木，长达10多米，直径也超过了7米。当时，负责采集的大臣无意间发现了特大金丝楠木，本下令让人砍伐，不料雷声大作，树木全部消失。隔天之后，发现这些树木已经浮出山谷，抵达江上，因此，大臣觉得是天助于他，称它们为神木。

到了清朝，这一批神木历经了200多年，已经变得腐朽。于是，乾隆下令在神木西侧建立红墙黄瓦的方形碑亭，又建了一座砖木结构七间相连的大瓦房把神木覆盖起来，为神木避风挡雨，并立碑以记。碑文中所篆刻的《神木谣》曰："都城东有巨木焉，其长六十余尺，卧于地，骑者隔木立弗相见也。"乾隆皇帝描述这木头横在地上，树两侧骑马的人都互相看不到。这字字句句可以看出，当时的神木已经成为五镇之首。

新中国成立后，碑亭年久坍塌，神木更加腐朽。于是，北京钢琴厂在这里建厂，将这些腐朽的神木作为板材改造成了八张会议桌。如今，钢琴厂搬迁后，乾隆的《神木谣》碑又被人们重新树立，再次供后人凭吊。

第三章 | 金木水火土

按照东方之镇的黄木场御方形碑亭所绘

玄武藏在故宫钦安殿内 300 年

故宫，是严格按照中国道教左青龙、右白虎、上朱雀、下玄武而建。坊间一直有说法讲故宫整体是一只龟，乌龟头部是午门，弯弯穿梭的金水河是故宫的一条龙。但很少有人在故宫里看到玄武，因为它在天一门北面的钦安殿里，这里是故宫中最大的一处皇家道教场所，而且坐落在故宫中轴线上，一直没有对外开放过。

钦安殿，因其神圣的位置与特殊的意义，一直在明清两代的宫廷道场活动中占据着特殊的位置。清代钦安殿内举办的道场主要包括金箓大斋、拜表、拜斗、唪经等重大的安殿仪轨。

乾隆时期，钦安殿内举行的最隆重的道场是为期多日的金箓大斋。在宫廷文献中，也往往写作"吉祥好事""吉祥道场"。金箓大斋作为斋醮的一种，它主要分"宿启建斋""正斋行道""散坛言功"三部分，其结构源于《仪礼》所载的预告、行仪、答谢三段式仪典。

明清时期尤其是到了重大节日，常常会在这里举行隆重祭祀活动。这座大殿里如今供奉了大量的道家神像，保留了隆裕太后宣告清帝退位时期的原样。

钦安殿，是宫里最大的道教建筑，里面供奉的是真武大帝，也就是道教中的水神。明洪武三十一年（1398年），朱棣在发动靖难之役时，突然天空阴云密布、雷电交加。借此天象，朱棣认为是真武显灵，立即披发光足，仗剑应之，称自己就是真武大帝的化身。在历经四年的艰苦战役后，朱棣终夺取了皇位。为感恩真武大帝相助，朱棣将真武大帝像请到了故宫钦安殿。

第三章 ｜ 金木水火土

故宫钦安殿玄武
乙亥年冬 赐信

按照故宫钦安殿里的玄武所绘

145

故宫钦安殿幡夹石的升龙与降龙

　　钦安殿是故宫里唯一的重檐盝顶大殿（盝顶一般用于有水的房子），殿顶平坦环绕四脊，顶部安放着渗金宝瓶。2004 年 9 月，在修缮钦安殿时发现了宝瓶内藏有 3000 多部经卷。有人曾说过，这些经卷是用来护佑整个紫禁城的，不能乱动，给原本就不同寻常的钦安殿更增添了神秘。金顶修复后，经卷又原样放回了渗金宝瓶。

　　在院中有座铜鎏金重檐圆亭，亭东侧有一组精美的大型石雕。石雕 2 米多高，周身雕满了图案，顶部是连绵的高山，山腰间漂浮着朵朵相连的白云；四面上部各雕两条巨龙，一升一降头尾相接，于云雾间游走；下部是气势非凡的海水江崖图案。

　　石座的下面，是雕刻异常精美的水盘，四角有四个漩涡，漩涡中涌出鱼、鳖、虾、蟹四种海中动物，其他地方则雕蟹精、摩羯、螺蛳精、海马、龟精、海牛、蚌精、海象等各种海兽和水怪，在翻滚的浪花中时隐时现。

　　整组石雕名为幡夹石，也叫夹杆石，顾名思义是用来固定旗杆的。夹杆石上，曾树立一根巨大的旗杆，是道教的"五龙捧圣大旗杆"。旛杆长九丈五尺五寸，约 31 米。杆桅木所制，周身装饰有彩色龙纹，顶安铜胎镀金四方重檐亭宝顶，宝顶装有银匣，内贮两部道教经典——《元始天尊说北方真武妙经》《元始无量度人上品妙经》。旛杆西侧有座重檐圆形小铜亭，当年内部供着"旗纛"的神牌。

　　钦安殿内如今仍然保留着皇家道场的原状，收储着大量珍贵无比的文物。传说嘉庆二年冬天，乾清宫一场大火，玄武神就站在钦安殿护驾，留下的一双两尺长的大脚印，如今还在殿内。

第三章 | 金木水火土

故宫钦安殿是左青龙右白虎南朱雀北玄武

按照钦安殿"五龙捧圣大旗杆"幡夹石所绘

皇家道场钦安殿的石兽保存最好

钦安殿的重檐盝顶，坐落在汉白玉石单层须弥座上，南向，面阔5间，进深3间，黄琉璃瓦顶。殿内供奉的是道教的玄天上帝，在道教的传说里，玄天上帝是水神，又称真武大帝。

传说玄武为北方神灵，代表二十八星宿中的北方七宿，为龟蛇状。在阴阳五行中，北方属水，色为黑。嘉靖时期宫中经常发生大火，为防火灾，嘉靖皇帝更是潜心奉玄修道，供奉玄武大帝作为压火的镇物，并在钦安殿垣墙正门上题写了"天一门"四字。

皇帝笃信道教，奉祀玄天上帝，对钦安殿大加修葺，重造庙宇，再塑金身，并于此设斋打醮，贡献青词，极大地表现了皇帝至诚格天的法则。

钦安殿的基座、须弥座和大石栏杆雕石上，以精美的穿花龙纹、石龙、凤望柱头为主，唯殿后正中一块栏板雕刻着"双龙戏水纹"，更加反映出这组皇家道场对于"水"的崇拜。这些台座是由汉白玉制成，这样等级的汉白玉在故宫里也是不多见的；雕刻也是紫禁城建筑雕刻艺术中的精品。

清朝每年元旦，皇帝都在此拈香行礼，祈祷水神保佑皇宫，消灭火灾。

第三章 | 金木水火土

按照故宫钦安殿东北角围栏神兽所绘

颐和园镇水兽：铜牛

在颐和园廓如亭北面堤岸上、十七孔桥桥头不远处，有一只神态生动、栩栩如生的镀金铜牛。当年乾隆皇帝将其点缀于此，是希望它能"永镇悠水"，长久地降服洪水，给附近皇家、百姓带来无尽福祉。

相传大禹奉舜命治理洪水，接受鲧治水失败的教训，立足于疏导，终于治平水患。据说，每治好一处水患，便铸造一条铁牛沉入河底，认为牛识水性，可防河水泛滥。

到了唐代，人们不再把铁牛投入河中，而是把牛放置在河岸边。清代乾隆皇帝，好大喜功，仿盛唐而自比尧舜禹，袭古人而又标新立异，为孝敬其母孝圣皇后，动用了448万两白银于乾隆二十年（1755年）仿唐朝铁牛上岸的做法，命匠人铸造了一只铜牛。为了表示大清王朝的繁荣强盛，铜牛全身镀金，并在金牛背上用篆文铸了《金牛铭》。其全文是："夏禹治河，铁牛传颂，义重安澜，后人景从。制寓刚戊，象取厚坤。蛟龙远避，讵数鼍（tuó，一种爬行动物）鼋（yuán，鳖类）。潆（wān）此昆明，潴流万顷。金写神牛，用镇悠永。巴邱淮水，共贯同条。人称汉武，我慕唐尧，瑞应之符，逮于西海。敬兹降祥，乾隆乙亥。"

铜牛，是天上牛郎的象征。乾隆皇帝将自己比作天上的玉皇大帝，把昆明湖比作天河，在天河两侧必有牛郎和织女。昆明湖东堤岸边设置了牛郎，那么织女又在何方？据史料记载，昆明湖西侧有《耕织图》，以此象征着织女。

据科学考证，昆明湖的东堤，比故宫的地基高约10米。以前，遇到大雨之年，昆明湖一带便成水患之地，为了防止昆明湖东堤决口，殃及紫禁城，在此设置铜牛，观察湖水水位线，随时知道水位比皇宫的城墙高多少，以便加强防护。

第三章 | 金木水火土

按照颐和园皇家的镇水兽所绘

火位：永定门外燕墩

燕墩，是一座砖砌的高台，是北京五镇之一的南方之火镇，用以祈求皇图永固。

燕墩在元明时期叫"烟墩"，它的设计者刘秉忠，是元世祖忽必烈身边的一位奇人，佛、道、儒三教精于一身，尤其对《易经》研究颇深。他将道家的五行学说充分运用到元大都的建设中，还分别在东、西、南、北、中五位设置代表金、木、水、火、土的镇物，已定都城之平安。

明清时，永定门既是重要的出城通道，也是保卫京城的战略要道。出于战略防御的需要，清政府曾在永定门外安扎了72座营盘，所以当地流传有"永定门外七十二营加一挡"之说，而这"一挡"指的就是燕墩，位于永定门外铁路桥南侧。

燕墩的基座——束腰须弥座，座四周以云、龙、菩提珠、菩提叶等图案雕了5层，束腰部位又精雕了24尊水神像，高浮雕技法表现了他们袒胸跣足、悠然自如、坐驭惊涛骇浪之上的生动神态，可以说是精美极致的石雕艺术品。

台上有一高大方形石碑，为清乾隆十八年（1753年）所立。碑为毗卢顶，前后镌刻清乾隆帝撰写的《皇都篇》和《帝都篇》，文字古朴苍劲，颇有帝王重视之意。

乾隆皇帝在《帝都篇》只用了300字，便将尧、舜、夏、周、春秋、三国直至元、明、清对都城的择址观点一一叙述，还表述了最适合作为帝都的四个地方是西周镐京（今西安）、东周洛邑（今洛阳）、汉唐长安（今西安）和明清北京，而这四个地方比起来，最适合定都的便是北京。乾隆认为"然在德不在险，则又巩金瓯之要道也"，碑文的最后以四句诗表述得更为明确："我有嘉宾岁来集，无烦控御联欢情。金汤百二要在德，兢兢永勖其钦承。"

《皇都篇》则用简练的语句叙述了清朝入关以来，富庶兴盛的景象："玉帛奔走来梯航，储胥红朽余太仓。天衢十二九轨容，八旗居处按界疆。"写到此处乾隆笔锋一转写出一句"富乎盛矣日中央，是予所惧心彷徨"，表现的是居安思危的治国理念。诗中表示：北京西有太行，东临渤海，南襟河济，北据居庸，既方便海上交通，又得运河之利，具有其他古都无法比拟的战略地位，所以才定都北京。

第三章 ｜ 金木水火土

按照北京的火位燕墩水神所绘

153

土位：景山

景山紧邻故宫，大多人以为先有的故宫，后有的景山，其实不然。辽、金时期，渐渐堆起土山，元开始建为皇家私属花园。意大利旅行家马可·波罗在《马可·波罗行纪》中生动地描述了元世祖忽必烈热心修建"幼年"时期景山的情形：

"离皇宫不远的北面，距围墙一箭远的地方，有一座人造的假山，山高整整100步，四周长约1.6公里，山上栽遍美丽的常青树。皇帝（忽必烈）一旦得悉哪里有一株好看的树，就命令人把它连根带土挖出，不管有多大多重，也要用大象运到这座小山上栽种，因此这座山上的树木四季常青，并由此得名'青山'。"

以前景山同北海等处均为永定河故道，辽代营建瑶屿行宫时，将余土堆积此处。金代大定十九年，金章宗在该地南侧建太宁宫，凿西华潭（今北海），在此地堆成小土丘建皇家苑囿"北苑"。山上建瑶广楼，称为金中都十二景之一。

明永乐年间，明成祖朱棣在北京大规模营建城池、宫殿和园林，依据"苍龙、白虎、朱雀、玄武，天之四灵，以正四方"之说，紫禁城之北乃是玄武之位，当有山。故将挖掘紫禁城筒子河、太液和南海的泥土堆积在青山，形成了五座山峰，称为万岁山。因朝廷曾在此山上堆煤，以防战时燃料短缺，故又称煤山。

崇祯十七年（1644年）三月十九日，李自成军攻入北京，明思宗朱由检十八日便得知外城已破，登上煤山观望，只见烽火连天，一片混乱。崇祯连声叹息，这时他彻底绝望了。回宫后逼死了皇后、刺伤了公主，凌晨仓皇跑到煤山东麓，解下龙袍腰带，用头发遮住脸，在袖子上写下"皆诸臣误朕……无面目见祖宗……以发覆面"等言语，在埋怨和羞愧交织中，告别了人世。当时身边只剩下一个叫王承恩的太监，随后也在附近找了棵树上吊了。

清军入关后，为笼络人心，将此槐树称为罪槐，用铁链锁住，并规定清室皇族成员路过此地都要下马步行。

第三章 | 金木水火土

按照景山公园周赏亭所绘

清顺治十二年（1655年）将万岁山改称景山，并在山后重修寿皇殿建筑群，在山东坡崇祯皇帝自缢处，立下马碑。

乾隆十五年（1750年）景山的建筑达到最辉煌、繁盛的阶段，所有建筑都按照皇宫规制建造，在山前修建了绮望楼，依山就势建筑了五方佛亭。五方佛，又称五智佛，分别是中央的毗卢遮那佛、东方阿佛、西方阿弥陀佛、南方宝生佛、北方不空成就佛。北京人习惯把这五方佛统称为五味神，指的是生活中人们离不开的酸、甜、苦、辣、咸。五方佛在清代被视为护国佛像，不仅象征着中国的一统及江山永固，更是乾隆盛世的重要标志。

到了光绪二十六年（1900年）庚子事变时，八国联军占领了北京，五方佛只有中峰的万春亭毗卢遮那佛因体积太大，无法搬运，便将其佛臂砍坏，其余四尊全部被掠走了，各殿陈设宝物更被洗劫一空。

如今的景山五亭中，万春亭内仍供有一尊铜铸贴金的毗卢遮那佛，但并非清代原物，而是近代恢复的；其余四座依然都是空空荡荡的基座。

第四章 民间的信奉

神祇信仰，一直是中国民间信仰的重要组成部分，诸神名称、形象、意义的衍变，反映了民间社会观念和祈福的变迁。早在原始社会，宗教就与文明的曙光一起来到人间，并形成万物有灵的宗教崇拜。在夏商时期，中国出现了诸如上帝、天帝这类至高无上的神，但这是一个具有功能性特征的概念。在民众的观念里，只有一个天帝，是无法应对人世间事无巨细的各种烦琐祈求的。原始社会的各种宗教信仰被完整保留下来，佛道、祀神也进入了民间信仰的万神殿。

人对神的信仰崇拜，主要源自中原传入的神灵、仙佛，并糅合本地传说，不少是道、佛两家共同信奉的，因而形成多神信仰。其中佛教更具历朝历代官方的默许，人们甚至把文殊菩萨、普贤菩萨、观音菩萨、地藏菩萨的坐骑都完美地呈现出来，象征含义更加神圣。

文殊菩萨的坐骑：口首仙的青狮。文殊菩萨一般是手持慧剑，骑乘狮子，比喻以智慧利剑斩断烦恼，以狮吼威风震慑魔怨。狮子是百兽之王，所以文殊菩萨坐骑代表着无畏，菩萨说法能降伏一切邪魔外道。

普贤菩萨的坐骑：灵牙仙的六牙白象。六牙白象，是表达菩萨之大慈力。六牙表示六波罗蜜——布施、持戒、忍辱、精进、禅定、慧智；白色表清净无染，白象代表愿行殷深，辛勤不倦。

观音菩萨的坐骑：金光仙的金毛犼。观世音，也称观自在菩萨，是阿弥陀佛身边的胁侍菩萨。

地藏菩萨的坐骑：谛听。谛听是佛门传言和民间演绎的一个图腾。传说谛听原身是一条白犬，因为地藏法门以孝道为基，狗性忠诚，如同文殊之狮子表智慧，普贤之白象表大行一样，地藏之谛听表忠诚不贰之心。

门神、灶神信仰：门神与灶神都是民间家庭的守护神。

财神、行业神信仰：私有制财富成为社会生活的最重要的异己力量。

北帝：又称真武大帝，是北方之神，中原传入后为民间所崇信。

天后：民间称天后娘娘，也有唤作妈祖或娘妈的，是航运女神。

关公：三国时蜀国大将关羽。

财神：名赵公明。原为商纣时道士，因助纣抗周，被陆压散人射死。姜子牙封他作财神。

金花夫人：生育女神。

文昌帝君：俗称文曲星。主大贵，后被道教尊为掌管功名禄位之神。

灶君：民间司灶之神。

城隍：隍塑像，白脸长须，手捧朝笏，肃穆庄严，两旁侍立判官、神将、夜叉鬼卒等。

阎王：供像在城隍庙后殿，两旁侍立判官、无常、牛头、马面等。阶下泥塑十八层地狱各种酷刑的恐怖景象，触目惊心，妇孺多不敢进入。

土地：原指社神。

鲍姑：在民间行医济世，颇得民心，死后被尊为神。

吕祖：民间传说八仙之一的吕洞宾。得道之后，浪迹江湖，其济世圣迹，历来为民间所乐道。

何仙姑：传说八仙之一。

比干：商代贵族、纣王的叔父，因屡次冒死进谏，被纣王剖心。民间因其赤胆忠心而祀以为神。

孔圣：平日文武官员经学宫前都要驻轿下马，以表崇敬。

诸如此类的民间信仰，在中国传统文化里就是祥瑞，瑞的本意为古代作为凭信的玉器，瑞兽简言意之，就是象征吉祥之神兽。中国传统的瑞兽形象在新石器时期，以兽类为主，在商与春秋战国时期，又形成了以精神意义为主的龙纹、凤纹等，在秦汉时期形成四方之灵图纹，在宋元时期以吉祥为寓意的祥禽瑞兽开始逐渐发展，并在明清时期达到顶峰。

智化寺造像

智化寺，在北京市东城区禄米仓胡同东口路北，已经有570余年历史了，名字是明英宗所赐，意在以佛教智慧教化众生。

修庙，是明朝太监的传统，智化寺兴建于太监王振炙手可热之时期，盛时曾占地约两万平方米。太监王振年轻时在东宫侍奉过英宗，因为小时候读过一点书，皇帝甚至称他为"王先生"，是明代第一位掌权的大太监，也是明代三大奸宦之一（另两个是刘瑾和魏忠贤）。他排斥异己，陷害忠臣，是英宗最宠信的太监。他鼓动英宗亲征瓦剌，结果明军大败，英宗被俘，是"土木之变"的罪魁祸首。

据《明史》记载，王振"建智化寺，穷极土木"，于正统八年（1443年）仿唐宋"伽蓝七堂"规制建家庙，明英宗赐名"报恩智化禅寺"。"土木之变"后，王振被抄家灭族，但寺因敕建得以保留。明英宗复辟后，于天顺元年（1457年）为王振在寺内建精忠祠，并塑像祭祀王振。从此，后300年间智化寺香火不绝。

寺自山门内依次为钟鼓楼、智化门、智化殿及东西配殿（大智殿、藏殿）、如来殿、大悲堂等。寺屋瓦用黑色琉璃脊兽铺砌，虽经历代多次修葺，梁架、斗拱、彩画等现仍保持明代早期特征。经橱、佛像及转轮藏上的雕刻，遒劲古朴，艺术高超，是北京现存明代建筑的经典。

清乾隆七年（1742年），御使沈庭芳上奏皇帝，请求捣毁王振塑像，得到乾隆皇帝批准后。智化寺从此由盛而衰，至光绪年间寺内建筑已破败不堪，寺僧穷困潦倒，于1930年至1934年间把斗八藻井盗卖给了文物贩子，现两尊藻井藏于美国两所博物馆中。

智化寺中最大的建筑是如来殿，黑琉璃瓦庑殿顶重楼，面阔3间，进深3间，单翘重昂七踩斗拱，供奉着如来佛像。上层四壁遍饰小木佛龛九千余个，故又称万佛阁。阁内顶部原有雕刻精美的斗八藻井，雕工精湛，装饰华丽，井周边雕刻的小天宫楼阁及小佛龛，十分精美。万佛阁中间佛坛为八角形木制须弥坛，供木质漆金毗卢遮那佛，下托莲瓣千朵，左右两旁分别供奉卢舍那佛、释迦牟尼佛，构成"三身佛"，毗卢遮那佛为法身佛，卢舍那佛为报身佛，释迦牟尼佛为应身佛。

画这里的4尊明代佛像，在金与色彩、时间的演变中画出600年的痕迹，实属不易，一遍又一遍地反复调整配色，终于还原了明代塑像的经典，也留下了智化寺明代塑像的美术作品。

第四章 | 民间的信奉

按照敕赐智化寺如来殿如来鎏金佛像所绘

智化寺的毗卢遮那佛

三身，即法身、报身、应身三种佛身，又叫自性身、受用身、变化身。"身"除指体貌外，亦有"聚积"之义，即由觉悟和聚积功德而成就佛体。而以三身的说法影响最大，即所谓理法聚而为法身，智法聚而为报身，功德法聚而为应身。因一佛具三身之功德性能，所以三身即一佛。

一切众生未来成就佛果，证得的就是这不二之境，即是法身佛。所以佛说：若以色见我，以音声求我，是人行邪道，不能度见如来，即是法身佛之境。

法身佛：毗卢遮那佛，为即是中道之理体也，佛以法为身，故称法身，法身处于常寂光净土。

报身佛：卢舍那佛，义曰：光明遍照道，又作净满。报身佛是表示了绝对真理，获得佛果而显示了佛的智慧的佛身，是行六度万行功德而显佛之实智也。对于初地以上菩萨应现之报身，报身处于实报庄严土。

应身佛：释迦牟尼佛，是表示随缘教化，度脱世间众生而现的佛身，特指释迦牟尼的生身。释迦牟尼佛，也是从清净法身毗卢遮那佛化现。此法身本自具足，不从外得，故而世尊说：在尘点劫前就成佛了。阿弥陀佛及药师佛，亦是依此清净法身佛而幻现的化身佛！

第四章 | 民间的信奉

按照敕赐智化寺毗卢遮那佛像所绘

163

智化寺的释迦牟尼佛

寺院里供奉的释迦牟尼佛的塑像，一般有两种。两边是菩萨的，那么释迦佛左边是大智文殊菩萨，右边是大行普贤菩萨，这一种的称为华严三圣。如果是弟子的，那么左边是迦叶尊者，右边是阿难尊者。

智化寺的这尊释迦牟尼佛应身佛，跏趺坐于莲蓬式仰莲座上，两手置胸前结说法印，头戴叶形花冠，头顶束发髻冠；上身斜披袈裟，下身着长裙，衣纹自然流畅。宽肩阔胸，胸前璎珞装饰繁缛，腰部略收，手腕、臂、脚踝均装饰花形钏饰。雕像下端为四脚方形底座，四脚上均刻出佛像。

按照敕赐智化寺释迦牟尼造像所绘

智化寺的卢舍那佛

《华严经》有的译本将毗卢遮那佛译为卢舍那佛,两者只是译名不同罢了。在晋译的 60 卷《华严经》中,译为卢舍那佛,而在唐译的 80 卷《华严经》中,则译为毗卢遮那佛。

《华严经》的主场是华藏世界,华藏世界的主尊便是毗卢遮那佛。我们所在的娑婆世界,只是华藏世界中极渺小的一部分,犹如沧海一粟。《梵网经》称,卢舍那佛住在莲花台藏世界,莲花台周围有一千叶,每一叶世界又有百亿须弥山、百亿日月、百亿四天下、百亿南赡部洲(我们所在的世界),而有百亿无量数释迦牟尼佛正在说法。这无量数释迦牟尼佛的法身,就是卢舍那佛。

也就是说,这些释迦牟尼佛都是毗卢遮那佛的应化身。而法身是无相空寂的,只有报身佛,才能有这样繁复美丽、无穷无尽的庄严国土。因此,华藏世界被认定为佛报身之净土。

按照敕赐智化寺卢舍那佛所绘

智化寺，让人永远记忆的地方

智化寺的山门不大，从外面看已经低于路面，不太显眼，很容易让路过的人以为是个小庙，但进去后就会发现里面大有乾坤。山门在智化寺最南边，砖砌仿木结构，拱券门，黑琉璃筒瓦单檐歇山顶，面阔3间，进深1间，门额上有石刻"敕赐智化寺"。山门前有残损的石狮一对，门对面原有巨大照壁，新中国成立后拆除。虽然智化寺的山门是中国古代寺庙规制中的普通样式，但"敕赐"二字倒显示出它身份的高贵。

按照智化寺如来殿二楼（不开放）雕刻精美佛像底座上的力士（明代仿唐代造像）所绘

六拏具出现在等级最高的佛塔上

五塔寺原名真觉寺,位于北京市海淀区西直门外白石桥以东长河北岸,创建于明代永乐年(1403—1424年),寺内高石台上有五座小型石塔。五塔寺金刚宝座塔,是按照印度佛陀伽耶精舍(释迦牟尼得道处迦耶山寺所建的纪念塔)形式建造的佛塔。在我国同类的十余座塔中,五塔寺金刚宝座塔的年代最早,样式最秀美,堪称明代建筑和石雕艺术的代表之作。

佛教造像头顶光晕和身体外射光环的外缘有一个装饰物形成的圆圈,也就是所谓的佛教背光。在藏传佛教的许多绘画、木雕、铜碟的佛像背光上,都能看到吉祥卷草和各种吉祥动物组成的图案。背光和佛龛龛楣上常见有六种瑞兽祥纹,造型独特,象征吉祥如意。这些动物名称在梵文中每一字尾均有"拏/拿"字,而命名为六拏具。

其造型常为大鹏鸟独居高处,其余五种对称排列背光两侧,即由六种装饰物支撑的佛法宝座,又有六灵捧座、六灵捧会、六灵背光、座背六灵之称。它们又分别象征"施""戒""忍""进""定""智"六度。六拏具图案多用于释迦牟尼佛和宗喀巴佛像的背光,后来又发展到藏传密宗佛寺中门券。

佛教最高贵的塔基,须弥座上的四周一般都刻有梵文、佛像、护法神等。五塔寺金刚宝塔宝座和五塔的须弥座四周都有狮子、象、马、孔雀、金翅鸟王等五种动物形象的雕刻。

画藏传佛教的六拏具,本来想画一两个就行了,后来觉得几千年历史的藏传佛教中,精选出来的六种动物作为最高等级的券门装饰,一两个代表不了佛法的庄严,索性也就都画出来了。

六挚具之大鹏金翅鸟

　　大鹏鸟，又被称为金翅鸟，是一种传说中的巨大鸟类，它的双翼张开能达到336万里，翅膀呈金黄色，常年居住在须弥山北方的大铁树上；身上有熊熊向上的火焰，鸟头三只眼睛圆瞪，头上有如意宝和水晶角，利嘴啄着两只利爪抓着的飞龙。龙身上的鳞片清晰自然，龙尾蜷曲，金翅鸟的两只利爪动态逼真，显得非常有力度、威武生动、气势非凡。也有传说称它是凤凰的九子之一，天生有铁一般的喙爪，头顶顶着一颗熠熠发光的宝珠，双眼也是散发着金光，并以龙为食。大鹏金翅鸟有世间大鹏鸟、化身大鹏鸟、事业大鹏鸟、护法大鹏鸟与智慧大鹏鸟五类。鸟身人面，嘴如鹰喙，生有巨翅，位列天龙八部，威力能降诸龙，有慈悲之相。

　　传说，人类之初，大地上布满了巨大的妖龙和洪水，无法生存，如来佛祖就派大鹏金翅鸟去啄走了妖龙，为人类的生存创造了清平世界。所以自古至今人们供奉这种大鹏金翅鸟，把它当成护法神，作为保佑平安的心灵寄托。

　　依历史来讲，世间的大鹏鸟非常凶猛残酷，也有非常威力，辛饶弥沃佛降伏了这些大鹏鸟，封它们为"护法神"，让它们保护佛法，拥戴善男善女，支持弘扬佛法，利益众生。白大鹏金翅鸟，代表普贤光明佛。红大鹏金翅鸟，代表阿弥陀佛。黑大鹏金翅鸟，代表辛饶弥沃佛。黄大鹏金翅鸟，长寿如来佛。彩大鹏金翅鸟，代表金刚本尊佛。鸟嘴中含蛇，表示降伏一切魔障，拥有五大的威德力，能抵挡上方日曜星辰凶煞之伤害，防御下方恶神龙、地神、邪神鬼魅的侵害。

　　在西藏的佛教塑像中，所有愤怒相的佛像头顶上都有大鹏金翅鸟；很多藏族人也随身佩戴大鹏金翅鸟的像章，认为这样可获得吉祥、智慧与力量。

　　南京大报恩寺琉璃塔，始建于明永乐年间，是明代皇家寺院大报恩寺的标志性建筑。1655年，荷兰东印度公司使团来到南京，随团的画师尼霍夫绘制了多幅琉璃塔的写生作品，后来以铜版画的形式在欧洲出版，迅速掀起了"南京瓷塔热"。在西方人心目中，大报恩寺琉璃塔具有崇高的地位，他们习惯称大报恩寺琉璃塔为"南京瓷塔"，并长期将其列为和万里长城齐名的东方奇迹。

　　葡萄牙的传教士曾德昭在《南方九省中的南京》中写道："（南京）还有一座结构精美的七层塔（注：应为九层），布满偶像，好像是用瓷制成的，这座建筑物可列入古罗马最著名的建筑。"

第四章｜民间的信奉

大鹏金翅鸟
岁在乙亥孟冬
吉日瑞信

按照南京大报恩寺券六擎具之大鹏金翅鸟所绘

六拏具之鲸鱼

鲸鱼，或称摩羯鱼，长鼻、利齿、鱼身。自隋唐传入中国后，与龙的形象不断结合，到明代演化成"长鼻龙"的形象。其意为海中大鱼，可吞噬一切，有保护之相。

按照五塔寺六拏具之鲸鱼所绘

六挐具之涂过红的龙女

收集五塔寺龙女素材时，终于见到了久传的整座金刚宝座塔，不过曾经都被涂上了彩色的油漆，给画作增添了不少的难度（关于塔如何被涂过红漆，说法不一，就不一一列举了）。

现五塔寺金刚宝座塔通体不留一处空白，遍身雕满了佛像、经文、菩提树，还有五方佛的五种坐骑：狮、象、马、孔雀和大鹏，六挐具则是在南北券门上整体雕刻出来的。

按照五塔寺金刚宝座塔券门六挐具之涂过红的龙女所绘

六挐具之天羊

画了一个晚上,使用的颜色觉得怎么也不对,突然醒悟过来,这是在画佛教中的六挐具,怎么能用普通的颜料呢?赶紧换天然矿物颜料,果然效果一下子就有了。

在佛教的经典中,天羊通常用以比喻凡夫不分辨世间法与修行,只是一味放任贪、嗔、痴三毒,贪着色、声、香、味、触五欲。在《法华经》中,以羊车比喻声闻乘;在《大智度论》中,则以牛羊眼来比喻凡庸之眼;禅宗则以触鼻羊来比喻不识法的昏昧学人。因为羊的眼睛不能分辨食物,凡是触碰到鼻者即食之,因此有此比喻。

按照五塔寺六挐具之天羊所绘

六挚具之狮子

波啰挚下方应该是福啰挚,意为兽王狮子,穿行于花中。狮子乃万兽之王,威猛而立,是护法神物,有自在之相。

这种"六灵捧座"除在西藏盛行外,在内蒙古、北京的佛教寺院中也能见到,奇怪的是世界著名的南京大报国寺琉璃拱门上反而缺失了狮子。

按照五塔寺六挚具之狮子所绘

六牙具之象王

象在佛教中是高贵的象征，常以象王来譬喻佛的举止如象中之王。《大般若波罗蜜多经》中说，佛有八十种好，静止如象王，行步如鹅王，容仪如狮子王。在《无量寿经》中记载，菩萨犹如象王，因其善调伏之故。

白象在印度被认为是十分吉祥的动物，在佛教中赋予更深的寓意。因大象有威力而又性情柔顺，故传菩萨入母胎时，或乘六牙白象，或作白象形，表示菩萨性情柔和而有大势。《摩诃止观》卷2载："言六牙白象者，是菩萨无漏六神通，牙有利用如通之捷疾。象有大力，表法身荷负；无漏无染，称之为白。"

中国佛教名山峨眉山是普贤菩萨的道场，普贤菩萨的形象是身骑六牙白象、手拈如意荷花，寓意愿行广大，功德圆满。

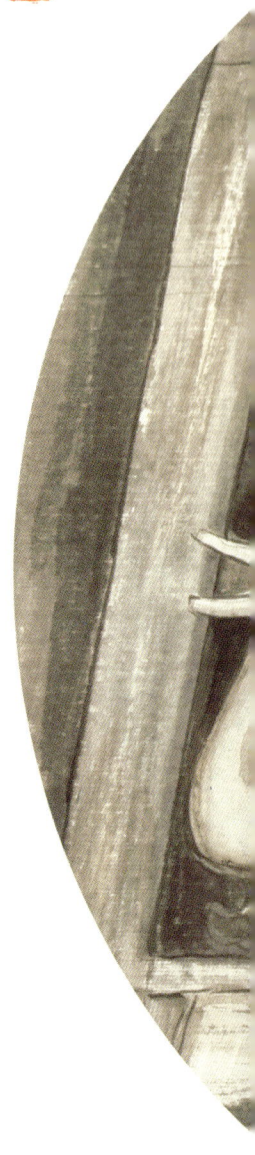

第四章｜民间的信奉

佛教六挐具
岁在己亥吉月梅庵京味然

按照五塔寺六挐具之象王所绘

五塔寺护塔

北京唯一的凸雕佛足在五塔寺金刚宝座塔

在五塔寺的台面四周环绕的石护栏里,最出名的就是宝座和宝座正中稍南的一座罩亭。亭之南北各开一券门通往台面。五塔,就是建在这宝座顶部的台面上,五座均为密檐式石塔,中央小塔有檐十三层,在塔座南面正中刻有佛足,它是佛的象征,有"佛迹遍天下"之意。

传说佛祖圆寂之前,留足迹于摩揭陀国一块石头上,后人刻佛足以示敬仰。关于这座塔还有一个传说,明永乐初年印度高僧带来的五尊金佛就藏于其中。四隅的小塔较中央的稍低,檐十一层,整体给人以错落有致、层次分明的感觉。在佛教中宝座和五塔各有由来和讲究,中间供奉石板刻有圆光,圆光中有莲台,莲台中则有一对脚印。据说乃是当年佛祖释迦牟尼圆寂之前所留,被高僧携来中原,被尊为佛教圣物,神圣无比。

这个中央大塔正面须弥座上的石足,在北京地区仅此一处。佛足所在之处,终年清凉,蛇虫鼠蚁一概绕行。据说虔心向这佛足顶礼膜拜,可以消除罪孽,积累功德。

这座金刚宝座塔,已经有560年之久。早期佛教不建寺院,只建佛塔;不雕佛像,只雕佛脚(五塔寺基座上中间塔里雕有佛脚)。教徒大多认为拜佛脚,就等同于拜佛了。有句老话说"平日不烧香,急时抱佛脚",就是根据佛脚这样得来的。

按佛经上说,金刚塔有五方五界:佛部、金刚部、宝部、莲花部和羯摩部,分别代表着中、东、南、西、北。每部有五方主佛,依次是毗卢遮那佛、阿閦佛、宝生佛、阿弥陀佛和不空成就佛。佛又有五方宝座,即动物坐骑:大日狮子座、阿閦象座、宝生马座、阿弥陀孔雀座、不空成就迦楼罗金翅鸟王座。难怪五座塔身布满了宗教色彩浓重的浮雕,有梵藏文、佛像、法器、大鹏金翅鸟、狮、象、孔雀、莲花、菩提树等。

第四章 ｜ 民间的信奉

佛迹遍天下
载在瓦亥寒儒
瑞应恭像

按照五塔寺金刚宝座塔上佛足所绘

降龙罗汉

罗汉，本为小乘佛教追求的终极目标。在佛祖释迦牟尼的规劝和鼓励下，所有罗汉们纷纷回小向大，"往世不涅"，帮助维护大乘佛教，于是在大乘佛教里罗汉们也有了他们新的地位和作为。

其实十八罗汉个个都实力不俗，非要说谁最厉害的话，那就是降龙罗汉了。

传说古代有龙王用洪水淹那竭国，将佛经藏于龙宫。后来降龙尊者降服了龙王取回佛经，立下了大功，故称他为降龙尊者。降龙罗汉是佛祖座下的弟子，法力无边，助佛祖降龙伏妖，立下不少奇功。

罗汉降龙，其实有两种含义。一是指具体的事件：这条龙肆意妄为，为祸一方，罗汉慈悲地方的众生，也慈悲这条龙，希望它不要再造恶业，于是用佛法把它降服，这在佛门的公案里有记载。另外一层意思是表法给众生：龙能大能小，吞云吐雾，在佛法里象征变化，罗汉降龙意思就是把这个变化的假象消除，领悟其中真实不变的道理，也就是佛门说的开悟。

在《济公外传》中，济公是降龙罗汉转世，法名道济（1130—1209年），也称济癫。济公原名李修缘，南宋高僧，天台县永宁村人。他破帽破扇破鞋污垢衲衣，貌似疯癫，初在杭州灵隐寺出家，后住净慈寺。他不受戒律拘束，嗜好酒肉，举止似痴若狂，是一位学问渊博、行善积德的得道高僧。后来道济和尚被人们尊称为济公，被列为禅宗第五十祖。

第四章 | 民间的信奉

五塔寺降龙
岁在庚子
春月
杨信

按照五塔寺护塔降龙罗汉所绘

十八罗汉最后一位：伏虎罗汉

降龙伏虎都是佛教故事里的罗汉，原指是用法力制服龙虎的罗汉，后佛教比喻有极大的能力，能够战胜很强的对手或克服很大的困难。传说伏虎尊者所住的寺庙外，经常有猛虎因肚子饿长哮，伏虎尊者把自己的饭食分给这只老虎，时间一长猛虎就被他降服了，常和他一起玩耍，故又称他为伏虎罗汉。

南朝梁慧皎《梁高僧传》卷10载："能以秘咒咒下神龙。"唐道宣《续高僧传·习禅一·僧稠》载："闻两虎交斗，咆响振岩，乃以锡杖中解，各散而去。"

在佛教中十八罗汉指坐鹿罗汉、举钵罗汉、托塔罗汉、骑象罗汉、笑狮罗汉、开心罗汉、探手罗汉、沉思罗汉、挖耳罗汉、布袋罗汉、长眉罗汉、看门罗汉、静坐罗汉、过江罗汉、欢喜罗汉、芭蕉罗汉、降龙罗汉、伏虎罗汉。

唐代流行十六罗汉，至宋代时则盛行十八罗汉了。世人于唐代十六罗汉外另加了降龙、伏虎二罗汉。有的则加入达摩多罗和布袋和尚，西藏地区则加入了摩耶夫人和弥勒。清代乾隆年间，皇帝和章嘉呼图克图认为，第十七位罗汉应是降龙罗汉即迦叶尊者，第十八位应是伏虎罗汉，即弥勒尊者。自皇帝钦定以后，十八罗汉就以此御封为准了。

在北京五塔寺，金刚宝塔护塔上有唯一一只浮雕石虎，即伏虎罗汉掌下蹲坐的"乖乖虎"。石虎安静地蹲坐于罗汉左前，头部上扬、虎嘴微张、胸肌饱满、腰部略塌，右前爪似微微抬起至罗汉小腿僧袍部位，如宠物犬般依偎在老僧脚下。伏虎罗汉左手从袈裟中伸出似在抚摸虎头，眉眼细眯、嘴角上翘，呈明显的微笑状，面貌慈祥，右腿盘起半跏趺坐于石上，似与老虎嬉笑言语。

具体说，降龙罗汉和他所降之龙，在五塔寺金刚宝塔东侧的凹入部分，伏虎罗汉带着温顺的老虎在塔的西侧凹入部分。

（非常感谢五塔寺志愿者穆晨晨先生提供帮助。）

第四章 | 民间的信奉

五塔寺伏虎
群瑞庚子
三月吾日
杨信

按照五塔寺十八罗汉之伏虎罗汉所绘

妙音鸟

妙音鸟，梵语叫迦陵频伽，出自印度神话和佛教传说，是半人半鸟的神兽，被作为佛前的乐舞供养。上半身人头人身，下半身鸟体鸟爪的美丽女郎，是传说中一种栖息在雪山或者极乐净土的鸟，在佛教经典中经常出现。它借鉴了古希腊罗马神话中有翼神祇——天使的某些形象特征，是印度神话、希腊罗马神话相结合的产物。

妙音鸟是阿弥陀佛化身，能透过世间美好的声音文字，来探究无比广袤的心灵世界，所谓应以鸟身而得度者，即现鸟身而为说法，就是为了普度众生，守护人们的爱情与婚姻。

在我国，迦陵频伽的形象最早出现在北魏的石刻上，唐代敦煌壁画以及铜镜也多见其造型。巴林左旗辽上京南塔浮雕上清楚地记录了迦陵频伽像，头梳发髻，脸型丰腴，额点朱痣，上身裸露，作飞翔状。在敦煌石窟唐代壁画中，在无量佛（阿弥陀佛）的莲座下，同样绘有一对异鸟，人首鸟身，毛色斑斓，作反弹琵琶、振翅欲飞之状。

北宋皇祐元年（1049年）的河南开封祐国寺塔（俗称铁塔）13层的塔檐翅角下，共嵌有104尊迦陵频伽；河南嵩山初祖庵，建于北宋宣和七年（1125年），有八角石柱16根，殿内的4根石柱上雕有右手执佛珠、左手执香花、背上有翅膀的迦陵频伽。另外西安临潼庆山寺地宫中所藏一具亭式石函，在檐下也刻有"人头凤身"的伽陵频伽。

令人叹为观止的是，泉州开元寺大雄宝殿的柱梁上，装置了24尊真人一般大小的木雕迦陵频伽。它们袒胸露臂，羽毛绚丽，头戴如意宝冠，背上两翼舒张，项挂缨珞，臂束钏镯，手持各色供品和各种乐器，在五方佛前奏乐歌舞。

这种造型就是佛教取之于形、绘之于壁的娱佛神。佛教吸收其为护法以壮大其神祇阵容，一开始便给这种司文艺的人首鸟赐名为迦陵频伽。

第四章｜民间的信奉

护法飞天 五塔禅寺
岁在己亥初秋
佛信

按照五塔寺护塔妙音鸟所绘

虚空藏菩萨专属座驾：孔雀

佛教中有观音菩萨、文殊菩萨、普贤菩萨、地藏菩萨，但专门讲述虚空藏菩萨的却很少。

虚空藏菩萨是掌管宇宙的日月星辰、风雨雷电等大自然的菩萨，是佛教八大菩萨之一，专主智慧、功德和财富。因其智慧、功德、财富如虚空一样广阔无边，并能如愿满足世人的需求，使众生获得无穷利益，故有此名虚空藏菩萨。

虚空藏菩萨为三世诸佛第一辅臣，一切佛子学佛无不由戒入门，而戒律之考核为虚空藏菩萨所专司。大抵六尘不染，日间尚易，梦中难免。而梦中持戒如何，即为菩萨考试。时至梦中无犯，戒斯成矣。

依佛典所载，虚空藏菩萨对一切众生甚为慈愍，常加护持。依《观虚空藏菩萨经》的描述，他的形象是"顶上有如意珠，作紫金色。若见如意珠，即见天冠"。在民间，有信仰虚空藏菩萨能增进福德、智慧，消灾免难一说。

虚空藏菩萨一化为五，分别是法界虚空藏、金刚虚空藏、宝光虚空藏、莲华虚空藏、业用虚空藏等五位菩萨，依中、东、南、西、北的顺序，分别乘坐狮子、象、马、孔雀与迦楼罗。

第四章｜民间的信奉

阿弥陀佛座骑
岁在乙亥孟冬
吉日
鹏搏造

按照五塔寺护塔虚空藏菩萨专属座驾孔雀所绘

宝生如来坐骑：马

在佛的三十二相中，就有一相是马阴藏相，又称作阴马藏相、马王隐藏相，这个相，代表佛陀已经超越男女之间的欲望，而现马阴藏相。在佛教的经典中，常以马来比喻众生的心念，如心猿意马，即是指心意驰放不定，如同狂奔之野马。经典中还以马比喻众生的根机，在《杂阿含经》中就列举了四种马，比喻四种人悟道的层次。

第一，良马只需顾视鞭影，即善能观察御者形势、迟速左右，而随御者之心。比喻听闻其他聚落男女的疾病乃至死亡的无常苦，能生起恐怖而依此正思维的众生。

第二，良马不能顾鞭影而自觉察，若以鞭杖触其毛尾，则能观察御者的心。比喻眼见其他聚落男女的老病死苦，能生怖畏而依正思维的众生。

第三，良马不能顾影及触皮毛，而知察驾驭者心之所念，必须以鞭杖稍侵皮肉，始能警觉而随御者之心。比喻需眼见聚落中善知识及亲近的人受老病死苦，方心生厌怖而依正思维的众生。

第四，良马不能顾视鞭影及触皮毛、稍侵肤肉，要须以铁锥刺身伤及肤骨然后方惊，牵车着路始随御者之心。比喻必需自身亲受老病死苦，才会心生厌怖而依正思维的众生。

在密教的五部座之一中，也有所谓的马座，指马上安署莲花的台座，南方宝生如来即坐于此座上。

第四章 ｜ 民间的信奉

按照五塔寺护塔马所绘

187

金刚降魔杵

降魔杵，显教（显宗）意义是如来护法神密迹金刚力士手中的武器，密迹金刚力士手持金刚杵（降魔杵）护持于如来佛祖左右。金刚杵不是法器，故称金刚降魔杵。乃取金刚杵的坚固来譬喻"大智慧"，以"大智慧"舂破牢固难破的淫欲山，或破坏众生无量无边的苦。

按照五塔寺护塔金刚降魔杵所绘

心如止水，法轮常在

乾隆二十六年（1761年），当朝皇太后七十大寿时，五塔寺作为祝寿的主要场所之一，进行了全面修葺。寺内主要建筑屋顶全部换上黄色琉璃瓦，在阳光照耀下闪闪发光，金碧辉煌，显示出皇家寺院的威严气势。

法轮，可以译作正法之轮。轮是佛教词汇，在藏传佛教中又称金轮。在古印度，轮既是一种农具，也是一种兵器，佛教借用轮来比喻佛法无边，具有摧邪显正的作用。

据传说，当转轮圣王出世之时，轮宝自然出现在圣王之前。轮宝引导圣王转向全世界，诸小国王无不心悦诚服，故能兵不血刃而统一天下，实施轮王的仁政。释尊取作比喻，以亲自实证的佛法为轮宝，他以法中之王的身份，转动正法之轮，行化天下，利益全世界的一切众生，并且，凡是法轮转动之处，一切的邪恶思想，无不为其摧破。

法轮图案成为佛教的教徽，由毂、八个轮辐和外圈组成。轮，是一个圆形，代表了佛教教义的完满。毂，代表了戒律，戒律是冥想修炼的本质核心。八个轮辐，代表了八正道，八正道据说是破除无明的利器。外圈，是指把所有东西汇聚在一起的正念或三昧。

按照五塔寺护塔法轮常在所绘

扎西达杰是佛法的八宝吉祥

五塔寺金刚宝塔上布满了精美的石雕作品,题材有八宝法轮、法螺、宝伞、白盖、莲花、宝罐、金鱼、盘长、金刚杵、五佛坐骑、四大天干、佛足石等。这些雕刻作品主要集中在宝座的须弥座和塔体下的须弥座上。

在藏族人居家装饰中,有许多精美的图案,其中八宝吉祥最为常见。八宝吉祥藏语称扎西达杰,是被藏族赋予深刻内涵的绘画精品,大多数以壁画的形式出现,也有少量雕刻和塑造的立体形。这八种吉祥物的标志都与佛陀或佛法息息相关。

白海螺:佛经载,释迦牟尼说法时声震四方,如海螺之音。故今法会之际常吹鸣海螺。在西藏,以右旋白海螺最受尊崇,被视为声名远扬三千世界之象征,也象征着达摩回荡不息的声音。

宝瓶:藏传佛教寺院中的瓶内盛净水(甘露)和宝石,瓶中插有孔雀翎或如意树,

按照五塔寺护塔佛法八宝吉祥之一所绘

既象征着吉祥、清净和财运，又象征着俱宝无漏、福智圆满、永生不死。

宝伞：古印度时，贵族、皇室成员出行时，以伞蔽阳，后演化为仪仗器具，寓意为至上权威。佛教以伞象征遮蔽魔障，守护佛法。藏传佛教亦认为，宝伞象征着佛陀教诲的权威。

吉祥结：原初的意义象征爱情和献身。按佛教的解释，如若跟随佛陀，从生存的海洋中捞起智慧珍珠和觉悟珍宝。

金轮：古印度时，轮是一种杀伤力强大的武器。后为佛教借用，象征佛法像轮子一样旋转不停，永不停息。

金鱼：鱼行水中，畅通无碍。佛教以其喻示超越世间、自由豁达的修行者。在藏传佛教中，常以雌雄金鱼象征解脱的境地，又象征着复苏、永生、再生等意。

莲花：莲花出淤泥而不染，至清至纯。藏传佛教认为莲花象征着最终的目标，即修成正果。

胜利幢：是古印度的一种军旗。佛教用幢寓意烦恼孽根得以解脱，觉悟得正果。藏传佛教更用其比喻戒、定、慧、解脱、大悲、空、无相无愿、方便、无我、悟缘起、离偏见、受佛之加持得自心自情清净。

按照五塔寺护塔佛法八宝吉祥之一所绘

四大天王

四大天王,又称护世四天王,是佛教的护法天神,俗称"四大金刚"。根据佛教经典记载,须弥山腹有一座犍陀罗山,山有四峰,各有一王居之,各护一天下。守护东胜神洲的持国天王手持琵琶,守护南瞻部洲的增长天王手握宝剑,守护西牛贺洲的广目天王手缠虬龙,守护北俱芦洲的多闻天王手持宝伞。

按照五塔寺护塔天王所绘

藏汉合璧的西黄寺清净化城塔

北京有好几座白塔，首屈一指的当然是北海的白塔，阜成门内妙应寺白塔也算一景。可是很多人不知道，在黄寺大街有座西黄寺，里面也有座白塔，这座寺庙 300 多年来就从没对公众开放过。

1644 年清军入关。1651 年顺治皇帝为了加强对西藏的统治，特派使者不远万里邀请五世达赖喇嘛罗桑嘉措进京会晤。同年，顺治皇帝下令建设西黄寺，建筑风格则完全按照布达拉宫的样式建造，以迎接五世达赖一行。次年，五世达赖率 3000 名西藏僧俗官员，进京拜会顺治皇帝。从此，西黄寺便成为历代达赖在京的驻锡之地。

乾隆四十四年（1779 年）元月，六世班禅从西藏到承德为乾隆皇帝祝寿，活动结束后，抵京驻锡西黄寺，后在北京多个寺庙讲经弘法。意想不到的是，那年京城天花流行，六世班禅因未接种牛痘而染上了天花，最终圆寂于西黄寺内，享年 42 岁。乾隆下旨在西黄寺修建清净化城塔（俗称班禅塔）和塔院，以收藏六世班禅生前用过的衣履经咒。

"清净化城"中"清净"取自佛经《俱舍论》言："远离一切恶行烦恼垢，故名为清净"；"化城"，意指佛为化导众生成佛而变化的城池。所以，这里是远离一切烦恼、尘垢、罪恶，不染尘俗，接引众生成佛的场所。

清净化城塔为金刚宝座塔，即中间一座大塔为主塔，四角有四座小塔。白塔高 16 米，由塔顶、塔身、塔座三部分组成，为典型的藏式覆钵塔。从布局上看，清净化城塔建筑群由塔前牌楼、护塔兽、塔、塔后牌楼以及东西碑亭组成。

牌楼呈屋宇式建筑形式，全部以汉白玉石建成，前后牌楼内外两侧均有乾隆御笔楹联，并雕有梵文"六字真言"和精美的"八瑞相"（即八宝）图案。门上浮雕上有"二龙戏珠"，下有"二凤腾云"，寓意龙凤呈祥。"二龙戏珠"两端各雕有一只雪山狮子，造型十分优美，精工逼真。牌楼顶部以整石雕成斑杵、屋檐、瓦顶、吻兽、鸱吻，形似砖木结构。

塔汉白玉台基的八个拐角，各浮雕一尊蒙、藏形象的力士像，个个跣足赤背、筋肉暴涨、呈用力承托状，生动地表现出力士们威武有力的形象。塔须弥座以莲花、卷草、云彩、蝙蝠等图案作为纹饰，雕工极为精美。腰部雕有佛教"八相成道"的故事，画面虽不大，但景物细致生动，栩栩如生，是难得的艺术精品。

力士在藏传佛教中属于六灵捧座之一，佛经上说，捧举诸佛宝座的有六种灵物雕像，称为捧座，即雄狮、大象、宝马、孔雀、共命鸟、力士。宝瓶四周雕有佛像，正南面雕有三尊佛像，为释迦牟尼佛、金刚不坏佛和宝光佛。周围是文殊菩萨、金刚手菩萨、观世音菩萨、地藏菩萨、除盖障菩萨、虚空藏菩萨、弥勒菩萨和普贤菩萨。宝瓶之上是塔刹部分，为圆形十三相轮造型，直冲塔顶。最上塔顶以鎏金铜顶莲花装饰，正像两朵尚未开放的花苞，称为宝莲，象征着佛法清净无染。

四角的四座小塔，塔身刻有汉文经咒，西南为《观音大悲咒》、西北为《药师本愿功德经》、东北为《金刚经》、东南为《楞严咒》。

塔北是两层后罩楼慧香阁，上层中部为班禅行宫称光明殿，下部为藏经阁。大雄宝殿由九世班禅建于1927年，中部设班禅宝座，后面高台石道通往清净化城塔，两侧设碑亭。

由于历史变迁，西黄寺也只有清净化城塔及塔院等部分建筑较完整地保存了下来。

按照西黄寺藏汉合璧的清净化城塔所绘

第四章 | 民间的信奉

武班禅宵净化成塔
岁在乙亥紫霞杨信

释迦牟尼守护神像：金刚力士

在佛教寺院的山门里，经常可以见到两个面目凶恶、青筋暴露的"肌肉男"，佛教一般称他们为金刚力士，就是佛的武侍卫，这跟中国的封建政治体系关系紧密。帝王有文武大臣和侍卫来保护；在佛国世界里，佛当然也要有保卫他的人或动物，因而除菩萨声闻外，还有作为佛眷属的八部，配置在佛的两旁，或于石窟、塔、佛的须弥座下四周，作为佛的梐卫。

《过去现在因果经》记载："当于善慧受记之时，无量天、龙、夜叉、乾达婆、阿修罗、伽楼罗、紧那罗、摩候罗伽，人非人等，散众妙花，满虚空中，而发誓言；善慧将来成佛道时，我等皆愿为其眷属。"

八部中的"天"，在佛经中有专门的经文讲，它指出天有诸天。宋法云《翻译名义集》"提婆"条中记："欲界；一，四天王天；二，忉利天；三，夜摩天；四，兜率天；五，化乐天；六，化自在天……"而佛教雕塑中的天王像，就是根据以上佛经而来的。

关于力士神像，也有专门的经文讲述。《大宝积经·密迹金刚力士会》卷二中记："……金刚力士常亲近于佛，在外威仪，有诸如来，一切秘要，常委依托，普闻一切诸佛秘要。"

金刚力士，名曰密迹金刚，住世尊左右，手执金刚，同时"密迹金刚力士，已当供养贤劫诸如来众，将护正经，受而持之，道利开益，无量众生，从是没己，生阿闲佛土"。金刚力士能护持正经，使无量众生受到利益，他同样是佛的梐卫。

按照西黄寺清净化城塔释迦牟尼守护神像金刚力士所绘

第四章 | 民间的信奉

佛祖释迦牟尼守护金刚力士西黄寺清净塔六世班禅塔神像

壬传乙亥霜降

吉日於京味 齐 杨悟生

守卫清净化城塔的朝天犼

北京的大型石雕犼还真是不多，尤其是完整的"乾隆工"、汉白玉的犼就更难了。现存大多的石刻都是残缺不全的，倒是在300年来从不对外开放的西黄寺纪念六世班禅的清净化城塔前找到一对，保存得非常完整，体量也大，吐出来的大舌头，仿佛在向天呼喊着主人。

六世班禅在京不幸染上天花病重期间，乾隆皇帝数次探视，并作《祈寿长椿图》和《写寿班禅圣僧并赞》诗赐予班禅，为其祈寿。同年（1780年）十一月初二，六世班禅大师于西黄寺内圆寂。班禅去世令乾隆帝大为悲痛，为之辍朝以示哀悼，并令京城各寺为六世班禅诵经49天。然后亲率王公大臣到西黄寺致祭，向班禅法体敬献哈达、金碗、玉器等供品。为表彰六世班禅大师无量功德，乾隆下令于西黄寺西偏院建清净化城塔及清净化城塔院，塔内葬六世班禅大师衣冠、经咒等物，班禅本人肉身于次年运往西藏扎什伦布寺。

从外观上看，清净化城塔是仿印度菩提伽耶金刚宝座式样，即在一块方形的高台之上建立起五座方、圆形密檐塔。金刚宝塔前设置一对朝天犼，张口吐舌，仰天长啸，姿态非凡，气势冲天。据说，碰到朝天犼的尿，身体就会烂，其实自古朝天犼造像都是很呆萌的样子。

按照西黄寺清净化城塔前朝天犼所绘

清净化城塔的跑狮

西黄寺净化城塔塔基四周的护塔神兽浮雕中，有一奔跑的雄狮。狮子是百兽之王，所以在佛教的许多经论中，都用狮子来比喻佛陀的无畏与伟大。如《大智度论》记载，狮子在四足兽中独步无畏，能降伏一切。佛陀如是说，在九十六种外道中，一切降伏无畏，所以称为人狮子。《略出经》中说："于菩提树下，获得最胜无相一切智，勇猛释师（狮）子。"此外，诸佛菩萨摄化众生的法门也称师子法门，即以狮子王来彰显诸佛菩萨的功德。

按照西黄寺清净化城塔护塔的跑狮所绘

佛教水盘里的祥瑞

佛教以慈悲为怀,视众平生,这其中也包括了动物。佛法认为所有的生命都是平等无二的,在本质上并无差别。由于因果报应的关系,所以现前的生命形态各有不同。而佛陀善于根据众生不同的根性,以不同的教理说法,度其轮回出苦海。

在佛陀的各种说法当中,有些比喻是有关动物的寓言故事,富有趣味的同时又被赋予了深刻的内涵,这也成为佛陀教化众生的一个有效方式。

北京许多地方,比如国子监、历代帝王庙、十三陵、东陵、西陵等,都有许多历朝历代记载丰功伟绩的石碑,石碑下雕刻着威武的龙王少爷赑屃(bì xì),而基座四角有雕刻的地方统称为水盘。

清朝,多数水盘四角漩涡里分别为鱼、鳖、虾、蟹,少数高等级佛塔的基座雕刻也有海马、海龙、海螺、海麒麟之类其他水中动物的图案。其他大部分地方雕刻则为海水江崖图案(颐和园败家石、故宫神兽底座等大多都是海水江崖)。

佛教表示因果报应的海猪

现实中,听说过海牛、海豹、海象,但从来没听过海猪吧?海猪其实是真实存在的,算得上是一种海参,身体为浅桃红色、呈半透明状,就是由一层皮包裹着身体。它们身体上有5—7条像腿一样的凸起来的过滤管,体内包裹着复杂的水管系统,它的呼吸、排泄、运动等都靠这套系统。因为生活在千米之下的深海,它们的身体十分的脆弱,就算被捕起来,也会被渔网扯破,所以很少人能够见到它们。

在佛教众生相里,海猪则代表另外一层意思,就是因果报应。

第四章｜民间的信奉

按照西黄寺清净化城塔下水盘里的海猪所绘

海象

　　大象被比作未驯服的心境，大象、人和怒相神身上的装饰物虎皮分别代表着断灭贪、嗔、痴"三毒"，白象又是众多金刚乘神灵的坐骑。

按照西黄寺清净化城塔下
水盘里的海象所绘

陪着赑屃的众生相海虾

水盘里的水即是财,水里的鱼、鳖、虾、蟹、龟、龙等万物是吉祥之意,有辟邪、保平安之作用。在这里,虾的寓意深刻,北方喻其为"龙",有镇宅吉祥之意;南方喻其为"银子",取长久富贵之意。虾从不侵袭与伤害同族之物,和谐相处,身躯虽小,玉洁透明,淡泊名利,有高尚的品格和纯洁坦诚的胸怀,表明了洁身自好的人生寄托。另外,虾身佩玉甲皆可窥,寓意做人要坦诚透明,有顽强的生命力,有敢弄潮的意志,更有龙一样的腾飞精神,它的触角可触沙,可观云望月。

按照国子监、孔庙里乾隆功德碑下水盘里的海虾所绘

鳌

西汉刘安《淮南子》卷6《览冥训》记载：在远古时代，不知什么原因，苍生遭受了天崩地裂的特大灾难，支撑着天的四根柱子突然因糠朽而折断，半边天空坍塌下来，露出黑洞洞的大窟窿。九州的土地也分裂成一块块，地上山林燃起炎炎烈火，地底喷涌出滔滔洪水，各种猛兽、恶禽纷纷钻出来危害人类。

女娲见人类遭受这样惨烈的灾祸，就全力补救天地。她先在江河中挑选了许多五彩石，并找来一只巨大的鳌帮助驮运，也就是鳌鱼。之所以称为鳌龟是因为它的四条腿长得特别长，能四腿立起，横行天下，巨大无比。神话传说女娲补天时，许多爬行动物纷纷灭绝。唯有鳌龟几经考验，顽强地生存了下来。因为鳌龟身有甲壳保护，行动时可以伸展四足，遇到危险时只要缩头足，就可以安然无恙。

石头熔炼成胶糊后，女娲把天上的窟窿一个个补好，接着杀了黑龙，赶走各种恶禽猛兽，用芦苇灰阻塞了横流的洪水。为了防止天空再次塌下来，鳌龟的四条长腿被女娲用倚天宝剑斩下竖立在大地四方，把天空牢牢地支撑起来。

从此灾难得到平息，人类得到挽救，人世间又有了欣欣向荣的景象。

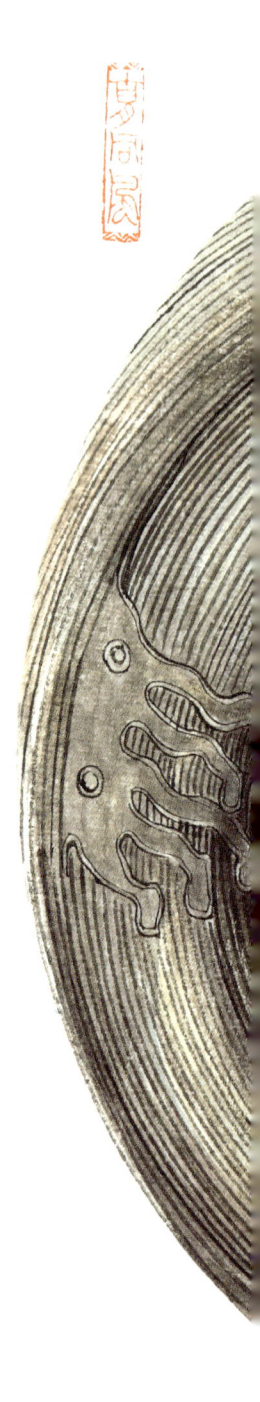

第四章 | 民间的信奉

按照孔庙御制记功碑下水盘里的鳖所绘

上古神兽麒麟

麒麟是品性仁慈、妖力强大的生物,谙悟世理,通晓天意,可以聆听天命。麒麟是传达天命、为自己的国家选出王者的神兽,被称为"圣兽王",且是神的坐骑。

传说麒麟能活两千年,是上古的仁兽,集龙头、鹿角、狮眼、虎背、熊腰、蛇鳞、马蹄、牛尾于一身,乃吉祥之宝。从古到今都是公堂上的装饰,以振官威之用,更是权贵的象征。

按照西黄寺清净化城塔下
水盘里的麒麟所绘

龙鱼

龙鱼类的祖先最早出现在白垩纪,有着"活化石"之称,它能从远古的生物演化中生存至今,本身就带着一种神奇。

鱼化龙,是"中国龙"的一种,是一种龙头鱼身的龙,亦是一种"龙鱼互变"的形式。这种形式在我国古代早已有之,为历代民俗、传说衍变而来,可追溯到史前仰韶文化—半坡类型时期的鱼图腾崇拜。龙鱼具有很多美好的寓意,如其寿命很长,有"长命百岁,寿比南山"之寓意;其形神似龙,是无上权力、尊贵地位的象征。

龙鱼是神兽的一种,有着鱼的嘴巴,龙的尾巴,体型霸气,一身熠熠生辉的盔甲,一对如大鹏之翅的胸鳍,一双炯炯有神的龙目,两条威风凛凛的巨须,就像御驾出征的皇帝。龙鱼是辟邪镇宅的吉祥物,象征着瑞气千祥、鸿福齐天。

按照西黄寺清净化城塔下水盘里的龙鱼所绘

孔庙里有雕刻精美的海蟹

北京的文庙首指就是国子监、孔庙，院子里共有御制记功碑 14 座，竖于大成门院内、院外的东西两侧的御碑亭中。大成门外有 3 座，大成门内有 11 座，除了修葺孔庙、祭礼活动的记事碑外，主要是明清两朝，特别是康、雍、乾三代盛世时，帝王南征北伐、统一中国的记功碑。高大的石碑下，雕刻着巨大的赑屃，应该说也是北京城里保存最完整的清代石刻之一。

据老人们传说，当年朱元璋率兵北伐元军，被滔滔的黄河阻断。龙王深感元朝的邪恶腐败，暗助朱元璋，下令黄河的鱼、鳖、虾、蟹全部浮出水面，形成浮桥，助明军渡过黄河。

朱元璋的大军过河后，被兵马车轮践踏而伤得血肉模糊的鱼、鳖、虾、蟹感到不平，纷纷向朱元璋邀功要官。朱元璋感到这些不通人性的畜类虽然有功天朝，但是如果封为官员，人间岂不乱套了？但如果不封官加爵，它们有功于我，也实在说不过去。怎么办呢？精明的朱元璋下了诏书："当灯头朝下时代来临的时候，你们都入朝为官。"

朱元璋的如意算盘是：灯头的火焰永远向上，哪里有灯头朝下的时候。可是他万万没有想到，科学的发展确实使灯头朝下了。于是，民间传说，很多人都是当年朱元璋封赏的鱼、鳖、虾、蟹转世，这当然是个笑话了。

第四章 | 民间的信奉

按照国子监、孔庙里乾隆功德碑下
水盘里的海蟹所绘

海螺是佛教的法器之一

画石雕，尤其是佛教的法器，还是要讲究真实还原，不管是什么朝代的石雕都要原汁原味。年代久远的石雕有着岁月的痕迹，也有百年风化后的肌理，在这组祥瑞画里是不能随便写意的。

西黄寺班禅塔的底座和水盘上都雕刻着佛教的法器和瑞兽，单纯的线条画出来就没太大意思了，要画，就必须真实，哪怕是犄角旮旯的细节，或岁月积攒下来的泥土，都要尽可能地表现出来，尽管耗费时间，但是必须做到。

海螺，古代在战场上可用来当作军号吹，后来佛教传入西藏之后变成了佛教的法螺，是藏族的八瑞相（亦称八吉祥徽、藏八仙和藏八宝）之一。吹起螺号，寓意着带给人们祥和。

佛经上讲，释迦牟尼说法时声音洪亮，如海螺的声音响彻四方，所以用它来代表法音。听到法螺的声音，众生可以消除罪障，进入极乐世界。《法华经·序品》中说："今佛世尊欲说大法，雨大法雨、吹大法螺。"

法螺是宗教仪式时吹奏的一种唇振气鸣乐器，源于印度。法器是作法事时使用的器物，藏传佛教的法器种类繁多，都具有浓厚的神秘色彩。

法螺还有个很有意思的事，就是左旋与右旋。佛教里说的是右旋海螺，而这右旋海螺并非是真正的右旋，其实是生物学里的左旋，只因为当作法器的时候是用右手拿，所以在佛教里称作右旋海螺。

法螺作为佛教法器的历史非常悠久，传说释迦牟尼在鹿野苑初转法轮时，帝释天等曾将一支右旋白法螺献给佛祖，从此即作为吉祥圆满的象征在佛教中广为应用。在北京雍和宫陈列馆里就有一只右旋海螺，有重大佛事活动时都会被请出来。

第四章 | 民间的信奉

清乾隆六世班禅塔
海兽骑信
并记京斗寨

按照西黄寺清净化城塔下水盘里的海螺所绘

摩羯鱼

摩羯鱼又称摩伽罗，本是印度神话中水神的坐骑，所以有鱼的身体。摩羯鱼最早的形象可以在公元前100年印度山奇大塔的塔门装饰中找到。鱼美人的原型，就是来自摩羯鱼。它为十二宫之一，称摩羯宫，其身体与尾部像鱼。

佛经比喻菩萨以爱念缚住众生，不到圆满成佛终不放弃，又因"摩羯以肉济人"，后来摩羯鱼才成为佛教圣物之一。

（感谢西黄寺郭秦雨老弟的帮助。）

按照西黄寺清净化城塔下水盘里的摩羯鱼所绘

三足金蟾在佛教里是招财进宝的

蟾蜍在佛教看来是众生之一,没什么特殊含义。但长久以来,在民间传说中它是招财进宝的祥瑞,加以崇拜也就不足为奇了。在中国的道教里,三足金蟾是招财的神兽,但出现在藏传佛教的班禅塔上,就觉得新鲜了,这也充分体现了藏汉文化的融合。

金蟾又称三足金蟾(或白玉蟾),汉族神话传说月宫有一只三条腿的蟾蜍,而后人也把月宫叫蟾宫。古人认为金蟾是吉祥之物,可以招财致富。

相传,吕洞宾弟子刘海功力高深,喜欢周游四海,降魔伏妖,布施造福人世。一日,他降服了长年危害百姓的金蟾妖精,且使其受伤断了一脚,所以日后只余三脚。自此,金蟾臣服于刘海门下。为求将功赎罪,金蟾使出绝活咬进金银财宝,助刘海造福世人,帮助穷人,发散钱财。人们奇之,称其为招财神兽。后来汉族民间流传"刘海戏金蟾,步步钓金钱"的传说。

按照西黄寺清净化城塔下水盘里的三足金蟾所绘

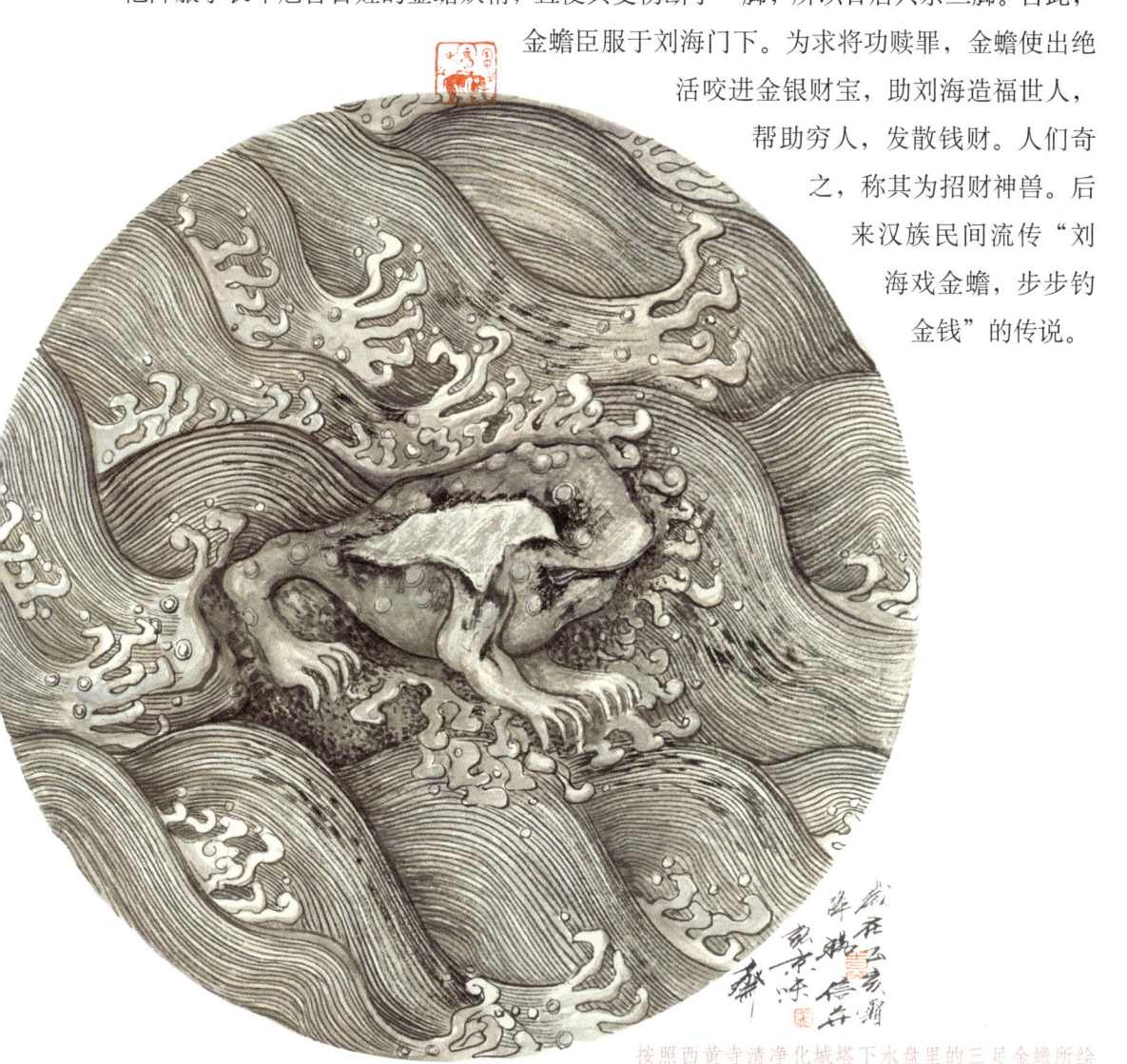

鳌鱼

相传在远古时代，金色、银色的鲤鱼想跳过龙门，飞入云端升天化为龙，它们偷吞了海里的龙珠，但是只能变成龙头鱼身，被人们称之为鳌鱼。雄性鳌鱼金鳞葫芦尾，雌性鳌鱼银鳞芙蓉尾，终日遨游大海嬉戏。《山海经·海外西经》记载："龙鱼陵居在其北，状如狸。一曰鰕。即有神圣乘此以行九野。一曰鳌鱼在夭野北，其为鱼也如鲤。"

鳌鱼是一种神化综合性的神兽，龙头、鱼身、带有四个脚，作为吉祥物之用，常立正屋脊的鸱吻。汉时谶纬学说兴起，它的象征含义又多了幽冥、壬癸、智德，汉后道教将其吸纳为了护法神，称执冥神君，后为真武大帝。

鳌鱼，又有"螭吻"一说，是龙九子之一，镇水之物。在古时鳌鱼摆放在家中文昌位，可催旺文贵，象征文章显达，准发科名，独占鳌头。摆放在国库则祈求国家财运兴旺，更加繁荣昌盛。

按照西黄寺清净化城塔下水盘里的鳌鱼所绘

海马

海马顾名思义，就是生活在海中的马。海马外形与天马类似，高大威猛，有着优秀的品质，是为瑞兽。海马给人的印象是奔放、英俊、活力，具有超常的感知力和无畏的牺牲精神。它们能在波涛汹涌、深不可测的大海中穿行，敢于抵抗海中凶险的猛兽。此处，在塔基上雕刻的海马寓意护卫佛教的海中战神。

按照西黄寺清净化城塔下水盘里的海马所绘

海龙

海龙在佛经中是经常出现的动物，长身、无足，蛇属之长也，形态与中国土生的龙略有区别，似是摩羯鱼与中国龙的混合物。

海龙为诸阿罗汉中修行勇猛最大力者，"盖水行龙力最大，陆行象力最大"。在佛教中，它是护法神兽之一，《孔雀王经》《大云经》《僧护经》等均载有龙王护持佛法。相传释迦牟尼降生的时候，即曾有名为迦罗和郁加罗的两位龙王兄弟，一个在左边洒温水，一个在右边洒冷泉，为佛祖沐浴净身。

海龙王在佛教中多以"护法神"的身份，供奉和护持佛舍利、佛经等佛的法宝。海龙王乃一切权势之王，掌握一切财富。倘能发心供养令彼欢悦，则众生现世可速获财富，福慧增长并得大威权势、事业顺利、财源广进等大福胜报。

《法华经·提婆达多品》载："尔时文殊师利坐千叶莲花，大如车轮，俱来菩萨亦坐宝莲花，从于大海，娑竭罗龙宫自然涌出。"

"天龙八部"是佛经中常见的护法神，龙为八部众的上首。

按照西黄寺清净化城塔下水盘里的海龙所绘

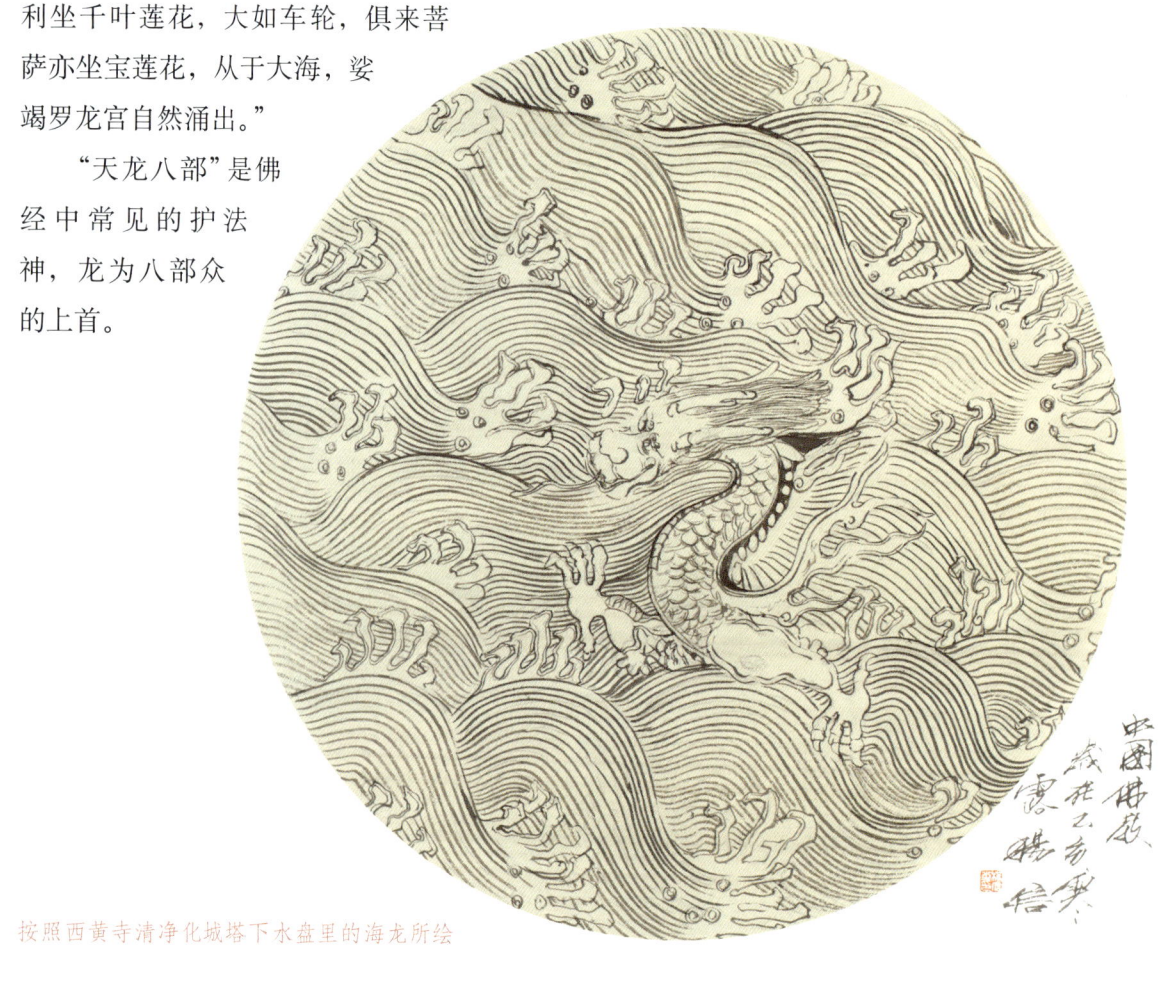

海牛

牛在佛教中也是象征高贵的动物,具足威仪与德行,在如来身相的八十种之中,就有一种是"行步安平,犹如牛王"。佛陀的德号中也有以"人中牛于"来称赞佛陀的德行广大无边。在《法华经》中则以牛车来比喻菩萨乘,以大白牛车来比喻佛乘——大乘妙法。

禅宗则以牛来比喻众生的心,如著名的《十牛图》,即以牧牛为主题来代表修行的十种境界。

按照西黄寺清净化城塔下
水盘里的海牛所绘

吉庆也有余

"吉祥"一词，在历朝历代吉祥寓意的图案中根深蒂固，表现了人们对美满和谐生活的追求。这种文化，也是中国非物质文化遗产中的重要组成部分。

在几乎所有的古旧物品上，如绘画、刺绣、瓷器、家具、建筑构件、石雕等，都能看到这些吉祥词语图案。古人借助同音或近音的字，用动植物或其他物体来表现吉祥寓意。

吉祥寓意词语隐含在传统图饰中，莲表示"连"，蝠表示"福"，荷表示"和"。了解中国文化发展的真谛，得从这些吉祥寓意的艺术作品开始。

第一类：福寿延年

五福捧寿："寿"字或寿桃的外周分布有五个蝙蝠，寓意有福长寿。

天官赐福：天官，道教神仙，名赐福紫帝君。图案通常是一戴宰相帽、着蟒袍、挂玉带的官人，手持如意或笏板，寓意有仙人赐福。

三星高照：福、禄、寿三星（三位神仙）在一个画面出现或分为三图，寓意福禄寿三全。

福在眼前：蝙蝠下方有一方孔铜钱，寓意福已至此。

麻姑献寿：麻姑，传说是曾三次见沧海桑田而容颜不老的寿星。通常是一仙女手拿装有寿桃的篮子，或手捧寿桃，献与一旁的寿星老。

仙翁献寿：一老者（寿星）手拿仙拐、葫芦，捧有寿桃，寓意长寿。

仙童献瑞：童子手捧寿桃，或握如意，寓意长寿。

松鹤延年：通常为苍松和仙鹤组合，寓意延年益寿。若图中有朝阳，又表示"一品当朝"，因鹤被称为"一品鸟"。

子仪庆寿：郭子仪，官居极品，寿诞时五子八婿齐来庆贺。图案通常是大场面祝寿景，寓意福寿全归。

八仙庆寿：常见图案为传说中的八个仙人，寓意大福长寿。

八仙过海：暗八仙（用八个仙人各自的法器表示），寓意吉祥。

第二类：升官发财

一路连科：图案通常是莲花、莲叶中有一只鹭鸶，寓意考试连连登科及第。

连中三元：连续考中乡试、会试、殿试的第一名（解元、会元、状元），被称作连中三元。图案常用荔枝、桂圆、桃核表示，或用三个圆形物表示。

连升三级：图案中通常有人手舞三戟，或瓶中插有三戟，寓意官运亨通。

马上封侯：侯，官名"封侯"，指当官。图案上通常有一猴子骑在马上，寓意加官晋爵即刻来临。

封侯挂印：中国传统寓意纹样，图案常以一猴摘取挂印为内容构成，利用"猴"与"侯"同音，以象征身居高位，廉洁奉公。

吉庆有余：古代纹饰多以一儿童执戟，上挂有鱼，另手携玉磬组成。"戟磬"谐音"吉庆"，"鱼"与"余"同音。在中国，无论城乡，到年节之时家家会挂一张儿童抱鲤鱼的年画，既表达欢庆之情，又图来年大吉大利。如今，这些福、寿、喜、大吉等纹饰的图案，早以深入民心，流传下来。

按照北海公园涞山大玉海海鱼所绘

豪华的石鼎香炉在五塔寺

在北京遍寻经典的香炉时，跑了很多的路。在法源寺曾经见到一个法华寺的香炉，上面雕的是佛教八宝及祥云，非常精美，也准备画出来收入本书。没有想到在五塔寺里见到一只体量更大的石鼎香炉，完全颠覆了笔者早期的认知。

石鼎香炉通体雕刻着祥云，云中有凤凰、双鱼、荷花和道家八卦上的图腾，三足上面的狻猊更是雕刻得威武雄壮、栩栩如生。应该说，这是在北京保留下来的乾隆期间宫外唯一祝寿用的石鼎了。

画神兽，一定得画狻猊。前面提到过，狻猊是中国古代神话传说中龙生九子之一，形如狮，喜烟好坐，所以形象一般出现在香炉上，随之吞烟吐雾，有统帅百兽之意，古代也称其为"香狮子"。

在五塔寺庙里的石鼎香炉上雕刻着展翅的凤，表示德行很高。凤凰有德，在神话里，凤凰是非常高贵的神兽，但就从德上说，它比龙还高，而且除了麒麟，很少有动物可以和它相比。

据说，乾隆皇帝为了给母亲孝圣钮祜禄氏作六十、七十大寿，两次重修五塔寺作主会场，共耗费银子六万五千多两。这里出现的带凤凰的石鼎香炉，是不是就是乾隆为母亲祝寿的用品呢？

另外一种说法，该石鼎香炉是当年在海淀通往颐和园路上的一座道观里的遗物，但笔者认为如此精彩的石雕不会是一般寺庙所有，有待进一步考证。

第四章｜民间的信奉

萬壽無疆慶典禾爐
歲在乙亥寒露暢信

按照五塔寺北京石刻艺术博物馆藏石鼎香炉所绘

识文断字的神兽：负屃

中国神话中龙生的第八个儿子就是负屃（fù xì），它身似龙，雅好斯文，常缠绕在石碑头顶。

负屃这个名字和赑屃（驮着石碑）只一字之差，这也令两者之间有了不解之缘。赑屃是驮着石碑的"龟"，而负屃则是缠绕在石碑上的"龙"。两者搭配在一块儿，显得石碑更有气势，人们对于碑文也会更加重视。

为什么将负屃雕刻在石碑上呢？原来，负屃的长相与龙一致，但却是九子之间唯一的"文青"，一生从不爱打打杀杀、舞刀弄枪，倒喜欢看看书、读读文章，甘愿化作"文龙"图案去衬托这些传世的文学珍品，也把碑座装饰得更为典雅秀美。两条龙互相盘绕着，看上去似在慢慢蠕动。石刻碑文中常有脍炙人口、名家千古称绝的诗文，它最常见的一个动作，就是趴在一首碑文上呈痴迷沉醉状。

石碑文化伴随着古代祭祀、文学和书法共同发展，可谓历史久远，刻碑立传是古往今来一种令人无比向往的辉煌。而在石碑上面雕刻负屃，不仅显出立碑者的地位，而且还平添气势，给人一种古朴大气的感觉。在古代，也只有皇亲国戚才有资格立这种石碑。

第四章｜民间的信奉

按照五塔寺北京石刻艺术博物馆藏负屃所绘

祥瑞中國

按照五塔寺北京石刻艺术博物馆藏赑屃所绘

稳固一方水土的神兽：赑屃

龙生九子，各不为龙。大力士赑屃又名"霸下"，是龙之第六子，形貌样子似龟，但天生神力，喜欢负重，石碑下常见的神兽就是它。

中国古代传说中，赑屃是长寿和吉祥的象征。赑屃总是奋力地向前昂着头，四只脚顽强地撑着，背驮千斤石碑，努力地向前走，并且永不止步。人们大多认为赑屃样貌和龟十分相似，故此经常喊出"王八驮石碑"，但细看就会发现赑屃口中有一排牙齿，而龟类却没有；赑屃和龟类的背甲上甲片的数目和形状也都有所差异。

传说在三皇五帝之时，黄河泛滥，连年洪水不断，百姓流离失所，背井离乡。后来舜任命大禹来治理水患，大禹便召集大家挖山掘石、开通河道，使水流入江河大海之中。然而在开通河道工程中许多地方是人力所不及的，大禹听闻龙子赑屃可搬山移岭，便希望请它来帮助治水，救百姓于水患。

在水中，赑屃力大无穷，挖渠放水，还救起落水之人，水患终于解决。大禹想到赑屃不是凡兽，又有龙族血脉，它为治理水患立下大功，擅自放其离去恐怕又生出事端来。于是派人取来巨石将赑屃治水时立下的功劳一一记载下来，之后亲自赐给赑屃，让其将这功劳碑背负于背上，供天下人膜拜瞻仰！

后来，赑屃常被放到寺庙里当作表达丰功伟绩的神兽，或者被放到其他一些需要被庇佑的地方，比如桥梁、交通要道入口、墓地等，视作守护的神兽。

祥瑞中國

文殊菩薩坐騎
虯首仙青毛獅子
畫夫伏羲撰

按照工美綠松石真品青色獅子所繪

文殊菩萨的坐骑：青色狮子

看过《西游记》的人都知道，孙悟空一行人西天取经的时候，历经了许多妖怪阻拦，而许多妖怪又都是天上神仙的坐骑。说起文殊菩萨坐骑，许多人就会想到狮狲怪，它也是唯一下凡两次的妖怪。

狮狲怪，其实它叫作虬首仙，是上古异兽青毛狮子得道修炼而成。本来是截教通天教主门下的亲传弟子，在万仙阵时把守太极阵，之后大阵被文殊广法天尊以盘古幡破除，虬首仙被南极仙翁打回了原形。

虬首仙凿牙锯齿，圆头方面；声吼若雷，眼光如电；仰鼻朝天，赤眉飘焰；但行处，百兽心慌；若坐下，群魔胆战。它手执一把明晃晃的钢刀，大口能吞十万天兵。第一次下凡是与白象、大鹏结拜后专门在狮驼岭占山为王吃人，在与孙悟空、猪八戒打斗中，一口吞下了孙悟空，悟空便在它肚子里翻筋斗、竖蜻蜓，痛得老魔连连告饶。第二次下凡是冒充乌鸡国王，并且还有个称呼叫狮狲王，用一条绳将文殊菩萨捆住送到了御水河中，浸泡了三天三夜。之后菩萨状告佛祖之后，下令将乌鸡国王狮狲王推入井中泡了三年。孙悟空要打杀虬首仙，文殊菩萨就请求悟空谅解，说它虽然冒充了三年国王，但不曾害人。这也是有原因的，因为"它已是个骟了的狮子"。后来释迦牟尼就差文殊菩萨来度虬首仙归西，之后它才被文殊菩萨正式收为了坐骑。

去美国参展的麒麟

北京石刻艺术博物馆里,有很多石雕的精品,尤其是一尊栩栩如生的麒麟,在众多的珍品中更为突出。

这座古麒麟雕刻为汉白玉石质,是展室里艺术水平最高的一件。看它的形态,弓腰、抓地、昂首抬头,好像就要跳起来一样,特别生动有趣。

这尊麒麟是龙头、龙身、卷起来的龙尾和狮子的爪子;雕刻的比例协调、匀称,造型很美。它的鳞片雕刻细致,脚下还雕有云纹。它的爪特别有力,腿上的肌肉一疙瘩一块凸出来得很明显,腿上还有卷曲的毛。这尊古麒麟是全国博物馆馆藏中唯一被带到美国展览过的麒麟造像。

(雕刻原件在五塔寺西配殿,部分文字参考"京西走马"的新浪博客,实景拍摄得到北京石刻艺术博物馆王小静研究员的大力支持,北京古迹文物爱好者申申先生也提供了很多帮助,这里一并感谢。)

第四章 | 民间的信奉

五塔寺裡的古麒麟
乙亥秋日陽信
井冠京味盧

按照五塔寺北京石刻艺术博物馆藏麒麟所绘

跪羊是镇墓祥兽

无论是南京众多的陵寝，还是北京十三陵、清朝的东西陵，神道两侧都摆放有镇墓兽。根据墓主人品级不同，内容也十分丰富，有石羊、石马、石虎等，也有用石人造像的，但都是用来镇压侵扰陵墓的邪祟，是护卫墓主的镇物。

虎为百兽之王，能够压胜辟邪；羊象征吉祥，寓意忠孝；马性情温顺，是主要的交通工具，象征仁义忠厚。这些石兽都是皇家重要的陵墓装饰性构件。

第四章 | 民间的信奉

跪羊（赍样）
藏在己亥寒露
杨信造像

按照五塔寺北京石刻艺术博物馆藏跪羊所绘

石虎：百姓身边不可缺少的神兽

北京的祥瑞神兽不能不画老虎，否则是一大遗憾。一般人觉得虎是陵墓的神兽，其实老虎不只是陵墓神兽，在北京还有很多以虎为名字的胡同，至今依然沿用，事实证明这些胡同里也的确有"虎"。

在北京，如今真正的石头老虎只能在北京石刻艺术博物馆，以及京西明代田义大墓的展室里看了。整个石刻艺术博物馆里共有石虎雕像十余座，馆内还有两尊标明金代的石虎，这些大多出自北京的胡同和墓葬。经常有胡同老街坊将这里的石虎雕像指认为记忆中某条胡同内的镇街石虎，实际上也已经大多不可考了。图中这只石虎在博物馆院里，明显是元代的艺术品，非常精彩。

北京现存的石虎胡同就有四处：

①崇文门外珠市口东大街东段路北，现名珊瑚胡同。

②西单北大街路西，现名小石虎胡同。

③德胜门内大街中段路北，现名大石虎胡同。

④广安门内大街中段路北，现名石虎巷。

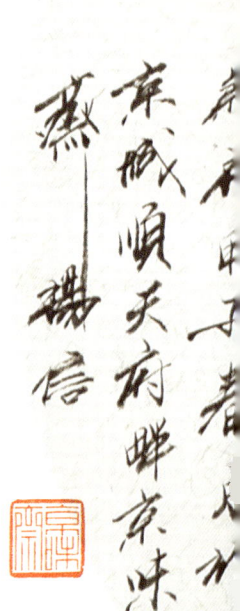

古代石雕大致分为浮雕、圆雕两类。宋《营造法式》记载了浮雕的四种雕刻方法，即减地平钑、剔地起突（俗称高浮雕）、压地隐起（俗称浅浮雕）、素平阴刻（俗称线刻）。圆雕，是指全方位、多角度的立体雕刻，追求的是石刻作品的整体感觉。这只石虎，是用一整块石材进行的四面立体雕刻，突出了坐虎的主要特征，胸部肥大、背部稍屈、腰部内敛等，采取了关键部位细雕、其他部位写意放松的手法；纹饰不烦琐，腿与腹之间不透雕，这样省工省时、简捷传神，具有古朴的艺术美感。

元代，石雕神兽减少了虚幻世界神秘、怪诞的成分，不再是怒目圆睁、肋生双翅的传统形象，大多具有现实生活的意趣，呈现出鲜明的世俗化风格。这只石虎身取坐姿、双眼略长、目光柔和、立耳闭嘴、獠牙细小、长尾左绕至前落于左爪。细看它的左侧脸部，稍微变小，嘴角闪现着一丝诙谐，又似抿着嘴坏坏地笑，这种神态似家猫般招人喜爱，是元代石雕生活化的体现。古时有以虎镇墓的习惯，民间传说，虎能食恶鬼，有镇宅辟邪、消灾降福的神力。

第四章 | 民间的信奉

按照五塔寺北京石刻艺术博物馆藏石虎所绘

白云观：全真道教第一丛林

白云观，在西便门外，其历史可追溯到唐朝，也是北京地界内最大的道观。来白云观的人，或烧香拜佛，或来"遇神仙"（燕九节元月十九日，是道教全真道掌教丘处机的诞辰），这期间来观里的人都不忘去摸一摸那几只小石猴。据说那是金猴、灵猴、神猴，能消灾祛病，保佑家人平安吉祥。另外一种说法是"猴"与"侯"同音，摸了它，就可马上封侯等。

神仙本无踪，只留石猴在观中

要说北京神兽，没有什么能比白云观里三只石猴更具人气了。

第一只是山门石猴，白云观的山门建于明代，虽历经火灾战乱，巍然之貌依旧未改。在正门斗拱券门东侧的浮雕底部，刻着一只小小的石猴。浮雕整体的图案是"坎离匡廓"，其间有祥云缭绕，又伴有展翅飞翔的6只仙鹤，取其谐音"六合"，喻乾坤运化、六合同祥之意。每年的正月初一开庙，来白云观摸猴祈福的香客摩肩接踵，没几年下来愣是把石券门上不足10厘米的小猴子摸得没了眉眼，厚厚的包浆倒是让汉白券门凸显古朴。

第二只石猴在山门西侧的八字形影壁须弥座顶端的束腰处，整幅图案是一棵大树，树上挂满果实，树下一匹奔马，马前有一只猴子，一臂高举，手中托一物。

第三只石猴在庙东院雷祖殿前的"九皇会碑记"石碑底座花纹图案中，一棵松树下有只猴子，手中托举一只桃子。

这三只猴子的位置很分散，如果不注意还很难找到，后两只猴子知道的人不是很多，热度自然也就差多了。所以民间就有了"铁打白云观，三猴不见面"的俗谚。

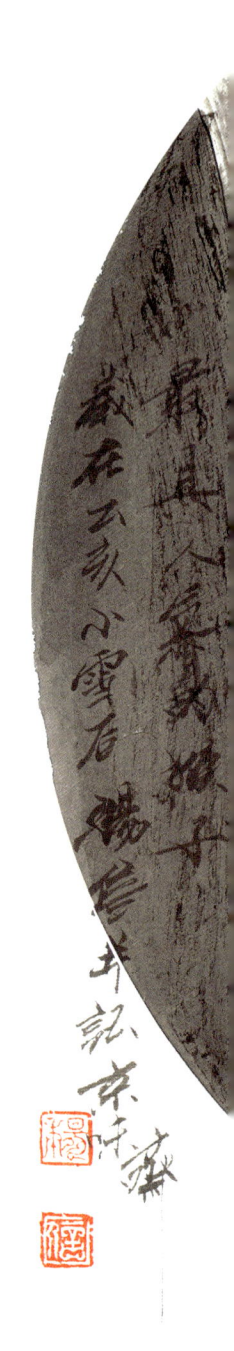

第四章｜民间的信奉

按照白云观山门石猴所绘

治疗百病的铜特

除了广为人知的石猴之外，白云观里还有一尊年代不可考的"铜马"（铜特），更是被人们抚摸了几百年。老北京有这样一个传说：人哪儿不舒服，就到白云观找铜特。铜特是什么？如今，在白云观的西院当中有一匹酷似骏马的铜兽，走近细看造型竟为骡身、驴面、马耳、牛蹄，因此，很多人称它为四不像。其实，它的正名叫特。传说它是道家的神兽，具有奇特的功能，人哪儿不舒服，就先摸摸自己，然后再摸摸它的相同部位，即可手到病除。

白云观的历史最早可以追溯到唐代，那么这个神兽是从何处来的？又是什么年代铸造的？为什么能治病呢？这些问题都无从考证了，但北京人如此的膜拜，倒是真情实意了几百年。以前铜特安置在老律堂前，传说是康熙皇帝为纪念曾随他南征北战的坐骑而铸造的。古有"千里马、万里特"的传说，在这里也得到了印证。

从百多年前的照片里可见，铜特被供在殿宇内，在铜特的前足附近香盆旁，还非常特别地供奉了四只马蹄形小鞋，大概是当年信众们为这只神兽特别定制的。由于京城百姓信众摸的人过多，神兽的眼睛和鼻孔已经模糊不清了。现在特的面部和许多细节都经过了修补，而且这个铜特也离开了殿堂，独自站在院子中间接受膜拜。

这个叫特的神兽，和仁石猴一样，受到参拜白云观众生的尊崇。

（北京文物圈刘霞女士等提供的支持与帮助，在此一并感谢。）

按照白云观治百病的铜特所绘

第五章 运河与神灵

大运河沿线的生活方式，使民俗文化与大运河息息相关。大运河借水行船，千百年来，逐水而行的船民与枕水而居的民众形成了对相关水神、神兽的信仰。

从运河漕运之神金龙四大王，到神话时代的共工和大禹、沿途占桥边趴着的镇水瑞兽趴蝮，都是沿运河祭祀的神灵。信仰最初兴起于民间，后逐渐由民间护佑漕运的水神，上升为国家祭祀的运河之神。

大运河，水神信仰带有很强的流动性和迁移性，漕运大军、商人是传播的重要媒介，随着漕运的发展，海运之神的妈祖信仰，又影响到运河神灵、图腾的信仰。

统治者们集合了庞大的人力、物力开凿了运河，元代京杭大运河全线贯通后，成为南北水运干线。漕运连通了五大水系，流经了8省，全长2700多公里。运河沿岸的人们，一方面享受着运河舟楫、水产等恩惠，另一方面也承受着运河暴虐、泛滥的种种苦难。

漕运是元明清的政治和经济命脉，沿线地方官员之所以崇敬和祭祀金龙四大王、妈祖等水神，其目的也是希冀水神保佑漕运畅通。每当运道淤塞漕运受阻之时，往往也是河神信仰盛行之时。

北京的运河起源于东汉时期，金代时，闸河引水入昆明湖，金口河引水入了玉渊潭。而由忽必烈命名的通惠河贯通帝都，是水利专家郭守敬主持挖掘的，昌平白浮泉—昆明湖—海子—通州—张家湾，全长约82公里。白浮泉，又名龙泉，位于昌平区龙山东麓，是元代运河引水工程的源头。泉水绕过沙河和清河低地，汇入昆明湖；再从长河古河道一直流向东南方向的帝都，从万寿寺第一道的广源闸开始，水旁万寿寺是为乾隆皇帝提供的休息场所，紫竹院行宫、畅观楼行宫、带有浓重藏传佛教色彩的五塔寺、高梁闸桥西倚虹堂官船船坞、西直门水关、通惠池、积水潭、西海、什刹海（海子）、银锭桥、万宁桥（澄清上闸）、东不压桥，至流出文明门（崇文门）的东便门，都是围绕着帝都繁荣的江山社稷。连接通惠河后，东便门外又修建了大通桥、永通桥、八里桥、土桥、通州张家湾。

帝都沿途的24道水闸两侧，大多建有水神庙或镇水祥兽。尤其在市中心著名的万宁桥，十只镇水祥兽保佑了这座古桥达八百多年。它们似龙非龙，如虎伏地，头有角身有鳞，样子刚猛威武。或许很多人

在故宫台阶排水口，或石桥孔拱券上见过，但它完整的身躯如今只能在大运河沿途的古桥两侧见到。

这些镇水兽的云纹、水纹、波浪、漩涡都雕刻得相当精巧。趴在岸上的镇水兽有龙头、龙身、龙爪，龙爪中还抓着两团水花，细看其龙头却有几分狮虎相，龙身很短，带龙鳞的尾巴也很像虎尾，整个形象乍看就像只大虎。而水中巨大的护坡石上却雕刻着龙珠，水底还隐隐约约出现了龙头，上下呼应，正是一幅"二龙戏珠"的完整场面。

传说，镇水兽为蚣蝮的一种，这四对蚣蝮除了装饰以外，另一个更重要的功能，就是测量北京的水位，上面的蚣蝮、中间的珠、下面的蚣蝮，这是三个水位线。这些都是古代人智慧的体现。

凡事只要和神明扯上关系，无疑会变得更有说服力，从后门桥镇水兽，到东便门外大通桥的镇水兽，再到永通桥、土桥、萧太后桥的镇水兽等，更容易得到周围人的认同和响应。传说充分显示出了神灵的眷顾和佑助，彰显功绩的同时，也更易获得统治者的褒奖和赏识。

白浮泉：大运河的源头

元初时，忽必烈将首都迁至北京，难题就是解决粮食和水的问题。北京虽然地表水源丰富，但大多是苦水，难以饮用；南方通过大运河运来的粮食，到通州便戛然而止，此后只能陆运进京，车马短缺且受气候掣肘，皇城因缺粮少水几乎窒息。忽必烈即刻命令水利专家郭守敬解决大都漕运问题。

想当年，白浮泉是个成色十足的草根山泉，在古代昌平州东南隅的一座高不过 70 米的小山上。这座小山曾被当地居民冠以众多令人咋舌的名字：龙泉山、龙山、神山、凤凰山、神岭山……后来，一股泉水在这座山半山腰里冒出，在一片平展的洼地上汇集成潭，给村民带来福音。那个年代泉水遍布昌平，所以人们顺口以白浮村名命名——白浮泉。

为了解决当时大都内缺水少粮的问题，水利专家郭守敬等搜遍今房山、门头沟、石景山诸地，希望能引水东行进入大都，然后与通州的运河对接。原本看好的是永定河，但因它暴虐无常、泥沙滚滚难以掌控，所以一切设想都化为泡影。但守敬在昌平考察时发现，白浮泉不仅水量大而且异常稳定，地势又高于西山山麓，泉水沿 50 米等高线南下，循山麓绕行六十余里，向西南注入瓮山泊，是引入帝都极为理想的水源。

据《天府广记》载："郭守敬所筑堰，起白浮村至青龙桥，延袤五十余里。"河渠沿大都北部的山脚画出一道漂亮的弧线，沿途又拦截了沙河、清河上游的水源，汇聚西山诸泉，使水量大增。河水再向东南流入高粱河，进入积水潭，并以此为停泊港。积水潭东侧开河引水，向东南再经金代的闸河故道向东至通州，全长一百六十四里又一百零四步。自此北京水利史上惊世杰作诞生了。

明初在白浮泉上修建了九龙池，池壁系花岗岩砌筑，龙头用汉白玉雕刻，嵌入石壁，泉水便从九个龙口中流泻而出。据村里老人说，以前每逢阴历六月十三，村里都会到龙潭的水池边求雨，用五彩线拴在玻璃瓶口，之后放在龙头下面，等上一炷香的工夫，看瓶子里面有多少水就代表着天要下多大雨。

20 世纪 50 年代，修建了十三陵水库，加之北京城地下水水位陡降，白浮泉的龙头渐渐干涸，700 多年的盛景不复存在。

第五章｜运河与神灵

按照北京水源命脉白浮泉龙头所绘

祥瑞中國

颐和园荇桥镇水兽,藏在乙亥夏于北京味斋杨信。

按照颐和园荇桥镇水兽所绘

颐和园荇桥有站立的镇水兽

在颐和园万寿山西部的万字河上有一座荇桥，始建于清乾隆二十三年（1758 年）。在颐和园众多的古桥中这座桥别具一格，桥面上建有一座亭式建筑。这座桥原是清漪园遗存，虽后经多次维修但大体保留了原来的面貌，只是桥栏由最初的木质改为了石质。当年乾隆爷非常喜欢荇桥，常在桥上观景流连、沉思低吟。

荇桥，于清光绪十八年（1892 年）大修并保留至今，为东西走向，长 25 米、宽 4.8 米、高 2.5 米，方砖地面，东西两侧各有 25 级台阶。大块黄色花岗岩石砌筑桥洞三孔，中间大，两边小，中间桥孔能穿过小船。大桥洞两侧设立棱柱金刚艚。在桥墩的南北两侧分别建有两个石柱形平台，上面各有一只站立的镇水神兽，顶部雕刻有一只独角。中国传统文化中的神兽有很多，独角的也有不少，比较常见的有獬豸、甪端等，还有大家熟知的貔貅也是独角，但站立的独角镇水神兽却只有颐和园才有。

北京大大小小的古桥中，镇水兽较多的是趴着的趴蝮，平常趴蝮身上雕刻的是大片的麟甲，而颐和园这两只看似像狮子一样，但又有独角的镇水神兽倒是北京唯一站立着的，想必皇家园林是要跟普通神兽是有所区别吧。

大运河第一道水闸上的镇水兽

广源闸是北京水系 24 道闸的第一道闸（颐和园出来的水至西直门高梁桥），它在海淀万寿寺东延庆寺门口，始建于元至元二十九年（1292年），是通惠河上游的头闸，号称"京杭大运河第一闸"。

明清朝时广源闸桥边建有码头和行宫（万寿寺），每逢皇帝出游颐和园，都要来行宫休息，等待落闸提水，换乘龙舟。

据记载广源闸是官闸，设专职兵卒看管，桥旁居住的人家也都是祖辈几代守闸人的后代。在桥东北角有个小龙王庙，每年腊月二十三日龙王生日，百姓们会汇聚到广源闸祭祀龙王庙，保佑来年风调雨顺。

广源闸，民间俗称豆腐闸，据《日下旧闻考》记载："出真觉寺（五塔寺）循河西五里，玉虹偃卧，界以朱栏，为'广源闸'，俗称豆腐闸即此。"《沿缘即景杂咏》中还有这样描写："广源设闸界长堤，河水遂分高与低。过闸陆行才数武，换舟因复溯洄西。万寿寺无二里遥，墙头高见绣幡飘。"

《日下旧闻考》卷 89 载："通惠河之源，自昌平县白浮村开导神山泉，……东过通州至高丽庄入白河，上下二百里，凡置闸二十有四，护国仁王寺西，广源闸二。"广源闸有二，即广源上闸和下闸。上闸位于万寿寺延庆寺门口，是众所周知的广源闸桥。两端闸墙的东西两侧的燕翅上各嵌有汉白玉石雕镇水兽一只，总共四只，非常奇怪的是，东面镇水兽带爪子，而西面镇水兽不带爪子，倒是觉得新鲜有趣。

第五章｜运河与神灵

北京的水系，忽必烈建立北京城以后，从白浮泉引水至瓮山泊，再到积水潭，长约数十公里，水的落差很大，所以设置了二十四道水闸，广源闸是第一道。广源闸是北京城水系的第一闸。

按照北京水系"第一闸"广源闸镇水兽所绘

祥瑞中國

按照长河畅观楼行宫鎏金狮子所绘

畅观楼行宫成了动物园

北京动物园,是清光绪三十二年(1906年)建成的,至今已有100多年的历史,当时为清"农事实验场"。园子西面的一些洋建筑叫畅观楼,建成于清光绪三十四年(1908年),为砖木混合结构的欧洲巴洛克风格建筑,是专门为慈禧前往颐和园中途休息之用。所以规格比较高,红砖墙体,周围有深外廊,山墙面向前开窗,屋顶内为阁楼,局部抹灰及灰塑线脚并加以砖雕花饰。

在畅观园前面,有两只乾隆年间铸造的鎏金铜狮子,全身披挂璎珞、铜铃,其身体上的装饰都铸造得非常精美。两只狮子一个平视,另一个昂头,仔细观察狮子的牙是空心状(喷水),腹部也有连接的孔(连接水管)。当年每当官船路过时,两只狮子同时喷水,颇为壮观。

但畅观楼建成后不久,慈禧便一命呜呼,实际也并未真正享受过。

高梁桥是座有故事的桥

高梁桥，在北京市西直门外高梁河（长河）上，始建于元代至元二十九年（1292年）。元朝建大都就在这一带，现存的桥乃是清代所建。

高梁桥，在元代出和义门（西直门）往西的官道上，明清时为出西直门往西北方向去颐和园的主要道路。原来在桥的南北各有牌坊一座，南牌坊之南额题为"长源"，北额为"永泽"，北牌坊之北额题为"姿安"，南额为"广润"。

高梁桥，过去是北京人公认的城外踏青之处，袁中郎在《琼花斋集》中是这样描绘高梁桥的："高梁桥在西直门外，京师最胜地也。两水夹堤，垂杨十余里，流急而清，鱼之沉水底者，鳞鬣可见；精蓝棋置，丹楼珠塔，窈窕绿树中；而西山之在九席者，朝夕设色以娱游人。当春盛时，城中士女云集，缙绅士大夫，非甚不暇，未有不一至其地者也。"

桥下的高梁河是由玉泉山、昆明湖水流向京师德胜门水关的。《天咫偶闻》所谓："西直门而西北，有如山阴道上，应接不暇，去城最近者为高梁桥……沿河高楼多茶肆。"

清朝慈禧太后去颐和园，往往是在城内坐大轿出行，然后在高梁桥附近的倚虹堂船坞上船，经白石桥、万寿寺、麦钟桥、长春桥，直达颐和园和玉泉山。也有从陆地出西直门经高梁桥直达畅春园、圆明园或颐和园。

高梁桥，原桥是青白石三孔拱桥，桥结构规矩、坚固，桥基是双层条石砌成的整底板，桥上下游墁也是双层条石，石板下有基础小柏木桩，海墁边沿有一排铁柱穿透石板，使桥的整体性更强。多年来桥被改造过多次，原桥面的长条石早已不见，三孔桥身也失去了踪迹。

现在的高梁桥，桥长约16米，宽约10米，桥上有16对石柱护板，桥两端是石刻抱鼓石，都为清代遗物。倒是两对水闸的绞关石还在原地守护着这座古桥。

第五章｜运河与神灵

高梁桥閒
岁在乙亥脂
月初九 瑞信

按照西直门外高梁桥水闸绞关石所绘

后门桥趴蝮是龙王的儿子

北京的后门桥（也叫澄清闸或万宁桥）的前后两侧、河道两岸分别趴着四只神兽，纹路清晰，雕刻手段非常精致。西面北岸那只比较完整，南岸那只失去了左爪。两只都是龙头、鹿角、鱼鳞、脊背骨突出、麒麟爪、长软尾、尾尖为球状，表情凶猛、威严，两爪紧紧地扒着河沿儿。

在桥的东面也有两只，样子与桥西那两只完全不一样，而且是两只各不相同。在右侧的那一只看起来比西面的那两只稍小些，样子也不那么凶猛，牛角、大块鳞片，四肢蜷缩在一起，附身、卷尾，头向水中张望。而左侧的那一只则更让人迷惑，因为它基本上就是一块儿圆鼓隆冬的整石，像从地上长出来一样，只有神兽大致的身型轮廓，颜色也和那三只不同，偏乌色一些。比南面的那只更小，无鳞无角。为什么这只的样子会这么含糊呢？从河对岸往水中看它的时候，可以看到一个龙头石刻，但龙身是在水下，而且是在侧面，只有龙头能看得分明，风吹过水面，阳光下在水面上看，那头龙仿佛在水中游动一样……

这八只神兽都是趴蝮，它们又叫蚣蝮，最喜欢水，古人常饰于石桥栏杆顶端，造型似龙非龙，长年累月在河水中玩耍，更喜欢吃水妖，传说是龙王最稀罕的儿子。

相传很久很久以前，避水兽的祖先因为触犯天条，被贬下凡，被压在巨大沉重的龟壳下看守1000年的漕运大河。千年后，终于获得自由，人们为了纪念表彰其家族护河有功，按其模样雕成石像放在大河边上的石礅上。传说这样就能镇住河水，防止洪水泛滥。

常听老人说，如果动了它们，北京就会被水淹了。就这样，八位神兽在漕运河边静静地守着京城，保佑帝都北京免遭水患。

第五章 | 运河与神灵

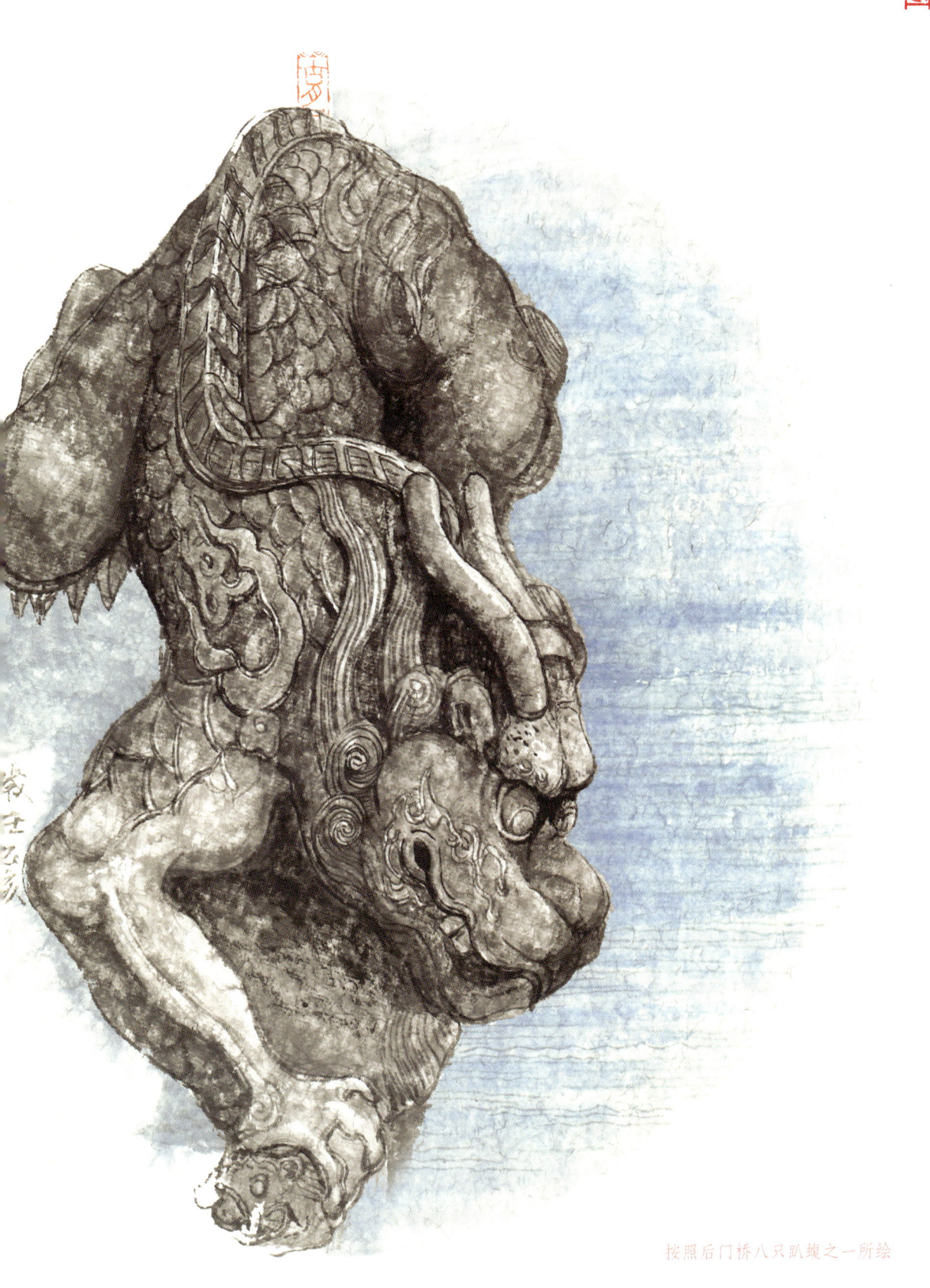

按照后门桥八只趴蝮之一所绘

东便门外大通桥遗存的蚣蝮

北京城东南角，有一座巍峨高大的城楼，这座城楼可以说是东便门的地标性建筑了。其实这并不是东便门，是原来北京内城拐角的城楼。北京内城的四座角楼修建于明朝正统年间。自 1915 年起，时任北洋内务总长兼交通总长的朱启钤先生开始对北京城进行大规模改造，其中一项便是修建环城铁路。

铁路从西直门站出发沿城墙与护城河之间的空地修建，经过德胜门、安定门、东直门、朝阳门到内城东南角楼后拐弯奔西，与京奉铁路接轨，再经崇文门到达终点正阳门东火车站。

多年来，内城东南角楼被误认为是东便门的原因，就引出了第二个话题，历史上的东便门是什么样子的？从老照片中我们可以看到，东便门前有一座大石桥，这座石桥，就是老北京著名的大通桥，也是明朝后期把京杭大运河积水潭码头迁出帝都后的终点码头。

明正统年间大通桥重修，有水的地方最怕的就是水患，所以古人在建桥时，在大通桥身的石拱券上放置了六尊镇水兽蚣蝮祈求平安。

20 世纪 70 年代初期大通桥被彻底拆除，桥身上的六个镇水兽只有三个得以侥幸保留，被安置在了暗河出口的门头上。

从正统年间到现在，600 余年的时光过去了，昔日的河道变成了二环路，来来往往的船只也被一辆辆汽车取代，只剩下一座角楼、三个镇水兽头及一棵老槐树静静地守候在这里。

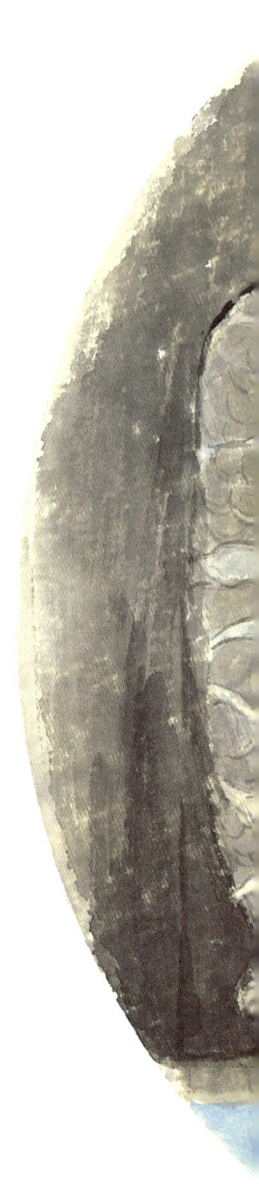

第五章 | 运河与神灵

京城东便门镇水兽
乙亥祥瑞之時楊信丹記

按照原大通桥镇水兽所绘

通惠河：北京人生存的命脉

北京地势是西高东低，地势落差较大。老话说：京城的地面与通州燃灯塔尖一样高，这样通惠河必须筑坝设闸才能调节水位"止水行舟"，使船顺利直抵帝都京城。

元至元二十九年春，水利专家郭守敬受皇命负责疏通这一段旱路，到第二年的秋天，终于完成了大运河自张家湾到京城的水运工程。既方便了运河漕运，又繁荣了运河周围的百姓生活，所以，被皇帝亲自命名为通惠河。

通惠河，是一条让所有人都能得到实惠的河，河宽一丈有余，河水流速较快，无法形成有效的行船河道。加上季节的影响，就会形成不是缺水就是水满为患的局面。"天旱水小，则闭闸堵水，短运剥船；雨涝水大，则开闸泄水，放行大舟"。因此，就有了广源、会川、庆丰、平津、博济等调节水位的24道水闸。

画北京大运河沿途的神兽，不能不画到北京现存的几道老闸，尤其是现如今保存相对完整并得以修复的高碑店平津闸，它成了通惠河古代漕运的唯一遗址！平津闸最早叫郊亭闸，何年何月被改为平津闸已无从考究。历史上平津闸有上下两闸，相间7里。上闸与庆丰闸距离15里，打开上闸，则庆丰闸连闸底都能露出，可见平津上闸对这一段15里长水道的重要性。平津上、下两闸关闭时，水就会全被拦住，7里水面平静如带，河面商船往来，"舳舻蔽水"，一幅欣欣向荣的景象。早先的河闸用椿木制成，经年容易朽烂，后随疏浚通惠河改用石制。

从整个河道上看，高碑店平津上闸与下游河道落差就有丈余，而现存的这座老闸就是平津上闸。平津下闸就是俗称的花园闸，而中闸早已废弃荡然无存。当年平津闸上的漕旗、漕灯是这条皇家运河的标志，每年三月至十一月晚上，漕灯都在日落时点亮升起，为夜航船只指引方向，传递平安航行的信号。平津闸是通惠河距京城最近的漕司仓场闸关，迎风招展的漕旗昭示着漕船即将驶入京城，漕船要升船旗致敬，并相接缓行。

平津闸在高碑店人的眼里，曾经是鱼多虾密的老闸窝，早年间高碑店人凭借老闸窝的鱼虾维持全家生计，甚至发家致富。所以，高碑店人往往坦言："金窝银窝，不如我们的老闸窝。"由此可见，平津闸还给高碑店人带来很大的福祉。

在河的南岸有座著名的通惠河龙王庙（祠），位置就在平津闸遗址西南侧，此庙建于明嘉靖四十年（1561年），距今已有448年历史。后于清乾隆五十五年（1790年）8月重修，现存通惠河平津闸龙神祠碑记载了229年的历史风霜："祀龙非三代之兴也，厥祀是于封禅，书令天下大水之滨也，无不有龙祠……遂刻石以记，嘉靖辛酉岁孟夏既望水部即钱唐吴遵晦撰。"文存327字，损佚40余字。

该碑自祠庙损毁后，民国年间曾被村民改作水井辘轳石，20世纪60年代移至某工厂院内用作修车平台基石。2002年11月，被村史组在原高碑店人民公社五金厂铸造车间院内发现后保存。

按照北京通惠河高碑店平津闸所绘

通惠河上的永通桥

通惠河上，让人最兴奋的是永通桥，此桥从明代至今依然承载着当年建筑的优美。其实它在历史上的作用可以和著名的卢沟桥相媲美，是拱卫京师重地的三座桥之一。上有望柱33对，每个望柱上都雕有石狮，石狮形态各异，惟妙惟肖。作为通惠河上唯一一座大型石拱桥，永通桥同样被列为全国重点文物保护单位。

据《明英宗实录》："正统十一年八月，建通州八里庄桥，命工部右侍郎王永和督工。"又据《通州志》：八里庄桥即永通桥，在普济闸东。正统十一年敕建，祭酒李时勉的《永通桥记》："通州城西八里河，京都诸水汇流而东。河虽不广，每夏秋之交雨水泛滥，常架木为桥，比舟为梁，数易辄坏。内官监太监李德以闻于上奏，欲与其地建石桥，乃命司礼监太监王振、总督漕运都督武兴发、内官监太监阮安总理之。"

此桥东西五丈，为水道三券，券与平底石皆交互通贯，锢以铁，分水石护以铁柱，当其冲，桥南北200余尺，东西48尺；两旁皆以石为栏；表二坊，皇上所赐名曰"永通桥"，并立庙以祀河神。

永通桥历经500余年，历经明、清、民国和20世纪80年代多次修葺，曾是东至山海关、南至天津的陆路交通咽喉。历史上该地曾进行过两次大规模的中外战争，第一次为咸丰十年（1860年）英法侵略军攻陷天津、通州后，清政府为保卫北京在这里阻击侵略军。第二次为光绪二十六年（1900年）八国联军入侵北京，义和团在此狠狠打击了侵略者的嚣张气焰。

桥东京津公路北侧还有一座雍正十一年（1733年）所立的"御制通州石道碑"，碑文记载了当年修筑朝阳关外石道之事。

另传，村内曾住有一海姓满人，为乾隆帝弘历之乳母。雍正三年（1725年）曾在此为其立有一石碑，现已无存。

按照通惠河永通桥戗兽所绘

第五章 ｜ 运河与神灵

永通橋
乙亥初夏
楊信萍紙

按照通惠河著名的古迹永通桥所绘

八里桥是座不能忘记历史的桥

前面提到永通桥也叫八里桥，它在历史上很出名，为什么呢？这得说说著名的八里桥之战，因为从八里桥之战，中国的历史也就算改写了。

1860年，第二次鸦片战争中，天津大沽口失陷后，蒙古王爷僧格林沁统率着7000蒙古骑兵、10000多步兵，从天津一直撤退至通州，准备与英法联军进行彻底的决战。9月19日凌晨四点，蒙古骑兵就跟英法联军打起来了，一直打到了中午12点，3000多蒙古骑兵倒在了这座桥上，雅曼法军占领了八里桥。剩余的蒙古骑兵则一路败退到了定福庄。从此，清朝的蒙古骑兵就彻底垮了，英法联军占领了北京，故宫、颐和园，并且放火烧了圆明园。

所以说八里桥是一座特别应该记住的古桥。

土桥是真的有桥，蚣蝮蹲守了 600 年

在大运河将要入北京的南端，有个依水而建的村子叫土桥，入京古道穿村而过。当年车水马龙、人声鼎沸的土桥早已销声匿迹，唯一留下痕迹的是桥南趴在地上的一头镇水神兽蚣蝮，足足佑护了这里 600 多个春秋。

土桥在北京通惠河故道上，是一个依水而建的小村庄。进了土桥村，昔日小村庄已是一座座拔地而起的高楼。在村口打听小区里有桥吗，很多人坦言不知这里还有桥，看来这里的人已经许久没有听说过土桥的历史了。"您找桥？""不是，我是找神兽。""有啊，就在 7 号楼和 8 号楼之间的空地，就是那座老桥，还有个大石头，不仔细看都不知道是什么。"如今桥栏的顶部，才高出地面约 10 厘米，两桥栏相距四五米远，南北向顺在地面上，这就是通州南最著名的土桥。

在桥不远处，还卧着一尊石兽，兽背上有一条很深的裂纹；石兽垂着头，看上去样子楚楚可怜。这正是土桥，这桥并非土做的，而是一座古石桥。那尊石兽则是土桥赫赫有名的镇水神兽蚣蝮。

关于这只镇水兽，当地民间流传着多个版本的传说。有人说：这只镇水兽不安分护桥，有一次趁着夜深，偷偷溜下桥干坏事，没想到正碰上关帝爷（桥北 200 米有一个关帝小庙）。关帝爷手舞大刀一下子砍在了它的腰上，才留下了这条裂缝。镇水兽吓得赶紧趴回广利桥，再也不敢祸害人间。

据《通州文物志》记载："土桥"正名广利桥，建于元代，位于土桥村的通惠河故道上、通惠河广利闸东侧，是京杭大运河北端码头张家湾入大都城的重要桥梁。广利桥最初是木桥，到了明初，木桥不堪重负，改建石桥。清乾隆四十二年（1777 年），重修广利桥且嵌刻石一块。据说每逢雨雪，大车过广利桥经常将桥面碾砸成坑，人们常用土垫，车带泥土将桥面覆盖，不见了石桥本来面目。直到清嘉庆七年（1802 年）以后，张家湾附近的河塘不断收缩，码头没落。至清嘉庆十三年（1808 年），洪水泛滥令运河彻底改道，之后连张家湾码头也废弃了，土桥和入京大道才渐被遗忘废弃。不过，土桥村名延续至今。

第五章 | 运河与神灵

京杭大运河土桥镇水兽乙亥样瑞日三

按照北京大运河土桥村内遗物所绘

张家湾萧太后古桥还是当年的遗迹

在北京城东通州区南部，有一座古镇名为张家湾，是京杭大运河进入北京的必经之路。这座古镇修建于明代，现在还残存有城门和城墙。

张家湾最早有三座古桥，分别位于南门外、东门外和东南便门外。东门外的叫东门桥，因改造河道已经被拆掉一多半，尚存一些有雕花的石块，可见当初的建筑也是很精美的。在东南便门外的桥叫作虹桥，这座桥仅仅有一个拱，小巧而美观，因年久失修，桥栏板都没了，不仔细看真是都瞧不出来桥的模样。现在人们用几根栏杆把虹桥围上了，算是给保护了。

位于张家湾南门外的这座古桥，叫通运桥。桥最早是木制的，明代时才改为石桥。桥是在明万历三十一年，也就是1603年的正月开始动工，到1605年十月才竣工，并由万历皇帝亲自赐名为通运桥，百姓俗称叫萧太后桥。萧太后桥的别名源于桥下的萧太后河。据相关史料显示，萧太后河始建于统和六年（988年），是北京成为国都以来最早的漕运河，最初是为运送军粮所用，后成为皇家漕运的重要航道。清代咸丰元年（1851年），曾经小规模的修缮过，算下来至今也有400多年历史了。

萧太后桥为南北走向，全长约43米，宽约10米，桥下一共有三个石拱券，中间的大，两边的小。桥面为平板型，由相互交错的大条石铺成。桥的两边设石栏板，两边各有望柱18根；每边的柱头上雕须弥座，座上雕有狮子，不仅神态各异，而且栏板上也里外都雕刻有各种各样的花纹，十分好看。无论是走在桥上，还是船行穿过都能看见。桥两侧拱券中间的镇水兽雕刻得十分精美，桥的北端，一方汉白玉质的石碑，上面为敕修通运桥的碑记，记载着这座桥在明清时期修建时的历史。在干旱的季节里，可看到通运桥水线以下有碑刻，上面清楚地刻着"大明万历三十三年建，清源陈进儒监造"的字迹。

张家湾这一带古代时因为漕运，历来船只繁多，很多船都要从这座桥下经过。据说，军阀孙殿英在盗掘了慈禧的陵墓以后，曾率领船队装满了盗墓得来的宝贝从桥下经过，结果有一艘船翻了，大量宝贝都落到桥下的淤泥里，不知有多少人梦想挖到。

第五章 | 运河与神灵

京杭大运河萧太后桥
乙亥初夏褚信征写生

按照张家湾南门外的萧太后古桥所绘

难见一面的蚣蝮真容

北京的大运河沿途有很多的古桥。在每一座桥墩的两边多会见到趴着的神兽,许多人瞧着挺新鲜,但能叫得出它准确名字的人却不多。它总是眼睛死死地瞪着水面,生怕错过了抓住水中妖怪的机会。因此要想见到它的真容,倒是真不容易。

它就是镇水神兽蚣蝮。传说,蚣蝮能吞江吐雨,负责排去雨水。而且,因为蚣蝮的嘴很大,肚子里还能盛非常多的水,所以也将它用作于建筑物的排水口,保佑不遭水患,历朝历代倒成了专司此职的神兽了。在故宫、天坛等中国古代经典的皇家建筑群里,经常可以看到蚣蝮的身影。

在北京找了一圈儿,也没找见有正脸的蚣蝮,最后在五塔寺北京石刻艺术博物馆里见到了这么一尊,算是一睹风采了。

按照五塔寺北京石刻艺术博物馆藏蚣蝮所绘

附录 残缺依然美

有些人厌恶残缺，是因为喜欢追求完整，认为完整才最美。殊不知，月有阴晴圆缺，残缺其实更是一种美。

优雅而高贵的断臂女神维纳斯，释放出一种来自灵魂的美。不论是那平淡无惊的眼眸，还是微微上翘的嘴唇，抑或是站出完美弧线的腿，似乎都不如那断臂的身躯来得自然、来得绝美。贝多芬双耳失聪，使他能从尘世脱身，远离无端的喧嚣，沉浸在自己的世界之中，触碰到人类灵魂深处，谱出《命运》那样震撼人心的乐曲。

晴朗的冬日，漫步曾经辉煌而此刻却满目疮痍的圆明园，曾经拥有无数举世奇珍的万园之园，已化为国人心中永恒的耻辱和疼痛。它在用它的沧桑，带给后人一种别样的美。

英法联军践踏后的中华古老文明，依旧华美；冰凉凉的玉石纹理，依旧精致；那欧式的曲线流畅又不羁，依旧高贵。断碎的罗马石柱显出一派伟岸和傲然，那些石块、石柱、石雕连同那灰苍苍的天空一起烙在了脑海，成为一幅永不磨灭的悲伤的壁画。

当年的大水法是多么的宏伟壮观，虽然只剩残垣断壁，但仍然可以想象当初的华丽。人们常说：希腊有帕特农神庙，埃及有金字塔，罗马有斗兽场，巴黎有圣母院，而东方则有圆明园。这些令人震撼的杰作，在不可名状的晨曦中依稀可见，宛如在欧洲文明的地平线上瞥见了亚洲文明的剪影。

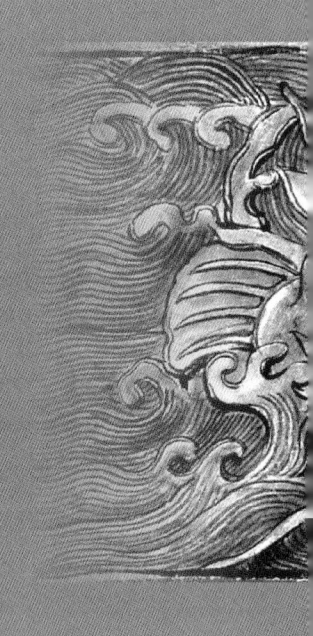

圆明园,从清康熙四十六年(1707年)开始修建,到清乾隆九年(1744年)基本建成,此后的嘉庆、道光、咸丰三代屡有修缮扩建。六位皇帝每年在此居住长达三四个月,并在此处理政务和进行各种政治活动。

在长春园北端的一片废墟残迹中,有几组规模宏大的宫殿遗址,如上朝听政的"正大光明殿"、举行盛大宴会的"九州清宴"、供奉历代清帝影像和祭祀用的"安佑宫"和藏书楼"文渊阁"等。欧洲式宫苑中有座"西洋楼",创建于清乾隆十二年至二十四年(1747—1759年),由意大利传教士、画家郎世宁等外国专家设计,建筑用料是大量精雕细刻的石材,区内更装置了多种形式的水池和机关喷泉。园路铺饰、绿篱修剪,以及围墙、石雕、铜像等都具有西方特色,但楼顶却盖上了中国特有的琉璃瓦,墙壁上镶嵌着琉璃砖,这组建筑是世界上唯一中西方合璧的传统建筑。

站在这些废墟旁,抚摸着残迹,看到伤痕,也看到强健;看到灰烬,也看到烧不尽的美,烧不死的文化,烧不死的精神。圆明园的繁华死了,但缔造繁华的民族还充满生机地活着,它在世界的大森林里,已挺立起伟岸的躯干,并创造着再也不会衰败的繁华。

圆明园里被毁坏的石刻残品,是一段历史的见证,也是出自中国匠人之手的记忆。准备画这组图时,我想了很久。这些作品描绘的都是圆明园残缺的细节,应该好好记录一下,所以最终还是觉得用水彩画可能更好。

圆明园远瀛观遗存

　　远瀛观，是圆明园西洋楼景区的主要景点，从南北轴线上可划分为南、北、中三段。远瀛观内部陈设十分豪华，殿内挂有乾隆四十六年（1781年）闰五月乾隆帝御书的"远瀛观"，配着带有西洋花边的玻璃心匾。匾两旁还挂有御笔对联一副。远瀛观殿内挂有大量西洋人物及风景的通景画，总面积超过了200多平方米。

　　远瀛观在乾隆时曾一度为容妃（香妃）寝宫，乾隆皇帝为博得容妃的欢心，特意按容妃的身材承做了镀金铜床、浴缸等西洋家具。远瀛观内部还到处摆放有西洋玩具及金银、珐琅质地的艺术珍品，就连法国国王所赠的土耳其挂毯及英王乔治三世送给乾隆皇帝的一架天文仪器——天体运行仪，也摆放在殿内。

　　远瀛观门窗均镶装有玻璃，大小共1206块；十数根高大石柱皆为优质汉白玉，尤其中券两侧的汉白玉巨柱，柱头柱身满刻下垂式葡萄花纹，刻工精良，枝叶活泼如生，实属艺术珍品。

附录 | 残缺依然美

按照圆明园远瀛观遗存精美的石雕所绘

圆明园海晏堂石雕

圆明园海晏堂的"海晏"一词，取意"河清海晏、国泰民安"。唐郑锡《日中有王字赋》载："河清海晏，时和岁丰。"河，黄河；晏，平静。河清海晏也作海晏河清，意指黄河水流澄清，大海风平浪静，此语寓意天下太平。

海晏堂是圆明园最大的一处欧式园林景观。海晏堂正楼朝西，上下各11间，中心建筑是一座11开间的"工"字楼，楼南楼北各有小型喷泉池，此楼也是附近各喷泉群的供水楼。楼东西两头为提水用的水车房，中段平台楼下边是海墁高台，台上砌贮水池。贮水池周围用锡板包严，防止渗漏，故称锡海。锡海能贮水180吨，先用龙尾车（靠机械原理将水位提高的一种水车）向上输送至锡海，然后再利用地心引力使水经过铜管流向喷泉。

楼门左右有叠落式喷水槽，阶下为一大型喷水池，池左右呈"八"字形，排列着十二生肖人身兽头铜像（圆明园兽首铜像）；每昼夜十二个时辰，由十二生肖依次轮流喷水。正午时，十二铜像会同时喷射泉水，这些铜像是西方人结合中国人的属相设计的。

乾隆三十九年（1774年），法国传教士蒋友仁病逝，宫内未曾留下水法的技术传人，便再没有人能够修整、使用龙尾车了。每逢皇帝游园，只好劳累小太监提水上楼，俟皇帝驾临再开闸放水，皇帝离去，喷泉也就没有了。

如今，圆明园内兀立的几根精雕的富有异国情调的方石柱，就是原方外观遗址，由方外观东望，三合土高台前有一个三块巨石刻做的蚌壳，大蚌壳就像一朵硕大无比的莲花，这便是当年海晏堂的西门。

附录 | 残缺依然美

按照圆明园海晏堂残存石雕所绘

圆明园西洋楼石雕

乾隆皇帝登基后热衷于修建皇宫,颁布了建"圆明园四十景"的诏书。就在大臣们认为圆明园大规模建设即将结束时,乾隆又颁布了一份令人惊讶的诏书,要将一批西方建筑建在圆明园里面;用西方的风格,把圆明园建成一个融合东西方文化的皇家园林。此外,乾隆决定在园内建造几座具有强大水法的西方宫殿。

尽管康熙、雍正朝有不少传教士来到中国,但要想修筑范围更宏大的西洋建筑,中国工匠是不可能单独完成的,还需要西方传教士的支持。乾隆首先想到的便是来自意大利的传教士郎世宁——历经康熙、雍正、乾隆三朝的皇家画师。

郎世宁听了乾隆的主意,向乾隆推荐了另一位传教士,他的朋友蒋友仁。蒋友仁来自法国,原本是一位天文学家。在接下来的几个月时间里,两人研讨了大量的修筑册本,在造办处的合营下,搭建了一批喷水机械模型,最终才将大水法的草图完成。

西洋楼,最壮观的喷泉建筑造型为石龛式,酷似门洞。下边有一大型狮子头喷水,形成七层水帘。前下方为椭圆菊花式喷水池,池中心有一只铜梅花鹿,从鹿角喷水八道;两边有十只铜狗,从口中喷出水柱,直射鹿身,溅起层层浪花,俗称猎狗逐鹿。大水法的左右前方,各有一座巨大的喷水塔,塔为方形,十三层,顶端喷出水柱,塔四周有八十八根铜管,也都一齐喷水。

当年,皇帝是坐在对面的观水法观赏这一组喷泉的,英国使臣马戛尔尼、荷兰使臣得胜等,也曾在这里"瞻仰"过水法奇观。据说这处喷泉若全部开放,有如山洪暴发,声闻里许,在近处谈话须打手势,其壮观程度可想而知。现如今,昔日的风光荡然无存,只留下残墙断壁的石刻记录着当年皇家园林的辉煌。

附录 | 残缺依然美

按照圆明园大水法所绘

圆明园铜仙承露台

圆明园被英法联军抢劫、焚烧之后，其铜仙承露台仅留下了精美底座。1919年移建克林德牌楼时，将圆明园铜仙承露台底座也一同移至了中央公园（即今中山公园）牌楼前，并加装了围栏，在底座上面改装了照明灯。

1952年，牌楼由郭沫若改写为"保卫和平"四字，并将牌楼前的底座等拆除建成了花坛，最后又将花坛拆改为梅花状的喷水池。可怜精美的承露台座失去了利用价值，被移置在了中山公园内的筒子河边上，现在只有老照片记载了精美石座的兴衰。现如今，圆明园又做了一个新的底座，也同样复制了仙人，但精彩程度与乾隆时期的差距太远了。

为了找到这个当年北京圆明园的遗物，我千辛万苦地打听，最后还是一位老大哥指点迷津，并把自己拍的原图提供给了我。怎奈我这个人是一定要见到真实的原物，否则是一点感觉都没有，更别说画了。

五一长假，一天下午一路直奔公园。买票进门，连着打听了几个收票的工作人员，居然没有一个人能说出来准确方位，更别提这个雕刻精美的石座的历史了。无奈顺着河边找吧，终于见到了这个见证历史的遗物。

（非常感谢颐和园老吴大哥提供的线索，再次鞠躬致谢。）

附录｜残缺依然美

按照圆明园铜仙承露台石雕所绘

圆明园方外观石雕

圆明园有处景观，名为方外观，位置就在养雀笼东门外一侧，是乾隆皇帝为其妃子容妃所建的，1860 年被英法联军烧毁。当时此处除木质焚毁外整体框架还比较完好，而 1900 年八国联军火烧圆明园后就顷颓了大半。

方外观建于乾隆二十四年（1759 年），是三间坐北朝南的两层西式小楼，室内棚顶连墙皆装饰西洋通景大画。楼上东西墙镶有四扇玻璃挂屏，各贴一幅人物绢画，由西洋画师王致诚绘。楼下明间有面大玻璃镜子，西间墙上挂郎世宁仿画的西洋毯，东间设一面西洋借光镜和一架龙凤水法。

这里是乾隆帝维吾尔族爱妃容妃做礼拜的地方，室内安放两块伊斯兰教碑文。碑为白色大理石，直径 1.3 米左右，刻阿拉伯文碑文，如今二碑早已不在。

方外观为用刻有回纹图案大理石贴面的三开间欧式小宫殿，屋顶却是中式重檐四坡蓝色琉璃瓦顶，上下各三间，两侧通往二楼的半环形石阶是用青铜构制的。前原有一条小河，从现存遗址上还能看到深约一米的河道，如今已经干涸许久了。

附录 | 残缺依然美

按照圆明园方外观石雕所绘

圆明园谐奇趣石雕

谐奇趣位于西洋楼景区西端南部,是乾隆十六年(1751年)秋季竣工的第一座欧式水法。大殿主楼三层,顶层三间,一、二层皆七间,楼前左右九间弧形游廊连着两层八角楼厅,是为皇帝演奏中西乐器之处。

楼前两侧,有奏乐用的八角五色亭形楼。正楼两侧山墙有角门,出门有月形抄手、西洋游廊,由此上可至亭楼内。游廊为平台式,左右各五楹。楼前有巨大海棠式喷水池,池中间有翻尾大石鱼一尾,鱼嘴喷水达五丈余,环池有铜雁十八只,雁咀喷水作曲形,另有四铜羊向池中喷水。池外东西有小形喷水池两座。

楼北也有一座小型菊花式喷泉池,喷泉的供水楼在谐奇趣西北,称作蓄水楼。蓄水楼五楹,楼北并连,有平台三楹,内为养水池。楼内上层东北角通水井,用骡子拉水车,提水至楼上蓄水池,起水塔作用,再以铜管下注至各喷泉机关。

池南有湖,建石栏。西有线法桥五券,每券刻兽面,水由口中喷出,成曲形,注入湖中。桥上有西洋座钟形假门一座,上嵌巨大时辰表一具。桥上有闸五道,水由方壶胜境而入长春园池,经过谐奇趣往南折流分散全园。

圆明园惨遭英法联军和八国联军的两次焚烧、劫掠,沦为废墟,珍贵文物流失殆尽。谐奇趣主楼南侧喷水池中的西洋翻尾石鱼后来被朗润园的主人载涛买下。燕京大学1930届学生毕业时,将此石鱼送给母校以作纪念。从此,它就在未名湖畔安了家。

附录 | 残缺依然美

按照圆明园谐奇趣石雕所绘

圆明园大水法翻尾石鱼

法国人莫里斯·亚当，20世纪20年代在中国海关工作时，曾亲自去圆明园调查，搜集拍摄了大量西洋楼残迹照片。照片上可以看出在圆明园大水法前曾有石鱼，此照片后被收录到1936年出版的《十八世纪耶稣会士所作圆明园工程考》一书中。这也是目前唯一掌握的关于石鱼的资料照片。

圆明园遭劫后，大水法的一对石鱼被国民党陆军中将杨杰搬到西单横二条其私宅院中。它们曾静静躺在这个四合院里半个多世纪，一直没有挪过窝。除了风吹日晒，其他都没损坏。2006年，中国圆明园学会学术委员会委员刘阳发现了它们。在庆祝圆明园300周年之际，它们终于被有识之士无偿送回了家。

附录 | 残缺依然美

按照圆明园大水法翻尾石鱼所绘

附：致巴特雷上尉的信

先生，你征求我对远征中国的看法。你认为这次远征行动干得体面而漂亮。你如此重视我的想法，真是太客气了。在你看来，这次在维多利亚女王和拿破仑皇帝旗号下进行的远征中国的行动，是法兰西和英格兰共享之荣耀。你希望知道我在多大程度上认可英法的这一胜利。

既然你想知道，那么下面就是我的看法。

在地球上某个地方，曾经有一个世界奇迹，它的名字叫圆明园。艺术有两个原则：理念和梦幻。理念产生了西方艺术，梦幻产生了东方艺术。如同巴黛农是理念艺术的代表一样，圆明园是梦幻艺术的代表。它汇集了一国人民的几乎是超人类的想象力所创作的全部成果。与巴黛农不同的是，圆明园不但是一个绝无仅有、举世无双的杰作，而且堪称梦幻艺术之崇高典范——如果梦幻可以有典范的话。

你可以去想象一个你无法用语言描绘的、仙境般的建筑，那就是圆明园。这梦幻奇景是用大理石、汉白玉、青铜和瓷器建成，雪松木做梁，以宝石点缀，用丝绸覆盖；祭台、闺房、城堡分布其中，诸神众鬼就位于内；彩釉熠熠，金碧生辉；在颇具诗人气质的能工巧匠创造出天方夜谭般的仙境之后，再加上花园、水池及水雾弥漫的喷泉、悠闲信步的天鹅、白鹳和孔雀。

一言以蔽之：这是一个以宫殿、庙宇形式表现出的充满人类神奇幻想的、夺目耀眼的宝洞。这就是圆明园。它是靠两代人的长期辛劳才问世的。这座宛如城市、跨世纪的建筑是为谁而建？是为世界人民。因为历史的结晶是属于全人类的。

世界上的艺术家、诗人、哲学家都知道有个圆明园，伏尔泰现在还提起它。人常说，希腊有巴黛农，埃及有金字塔，罗马有竞技场，巴黎有巴黎圣母院，东方有圆明园。尽管人们不曾见过它，但都梦想着它。这是一个震撼人心的、尚不被外人熟知的杰作，就像在黄昏中，从欧洲文明的地平线上看到的遥远的亚洲文明的倩影。一天，两个强盗走进了圆明园，一个抢掠，一个放火。可以说，胜利是偷盗者的胜利，两个胜利者一起彻底毁灭了圆明园。人们仿佛又看到了因将巴黛农拆运回英国而臭名远扬的埃尔金的名字。

当初在巴黛农所发生的事情又在圆明园重演了，而且这次干得更凶、更彻底，以至于片瓦不留。我们所有教堂的所有珍品加起来也抵不上这座神奇无比、光彩夺目的东方博物馆。那里不仅有艺术珍品，而且还有数不胜数的金银财宝。多么伟大的功绩！多么丰硕的意外横财！这两个胜利者一个装满了口袋，另一个装满了钱柜，然后勾肩搭背，眉开眼笑地回到了欧洲。这就是两个强盗的故事。

我们欧洲人自认为是文明人，在我们眼里，中国人是野蛮人，可这就是文明人对野蛮人的所作所为。

在历史面前，这两个强盗分别叫作法兰西和英格兰。但我要抗议，而且我感谢你给我提供了这样一个机会。统治者犯的罪并不是被统治者的错，政府有时会成为强盗，但人民永远也不会。

法兰西帝国将一半战利品装入了自己的腰包，而且现在还俨然以主人自居，炫耀从圆明园抢来的精美绝伦的古董。我希望有一天，法兰西能够脱胎换骨，洗心革面，将这不义之财归还给被抢掠的中国。

在此之前，我谨作证：发生了一场偷盗，作案者是两个强盗。

先生，这就是我对远征中国的赞美之辞。

维克多·雨果
1861年11月25日于欧特维尔-豪斯

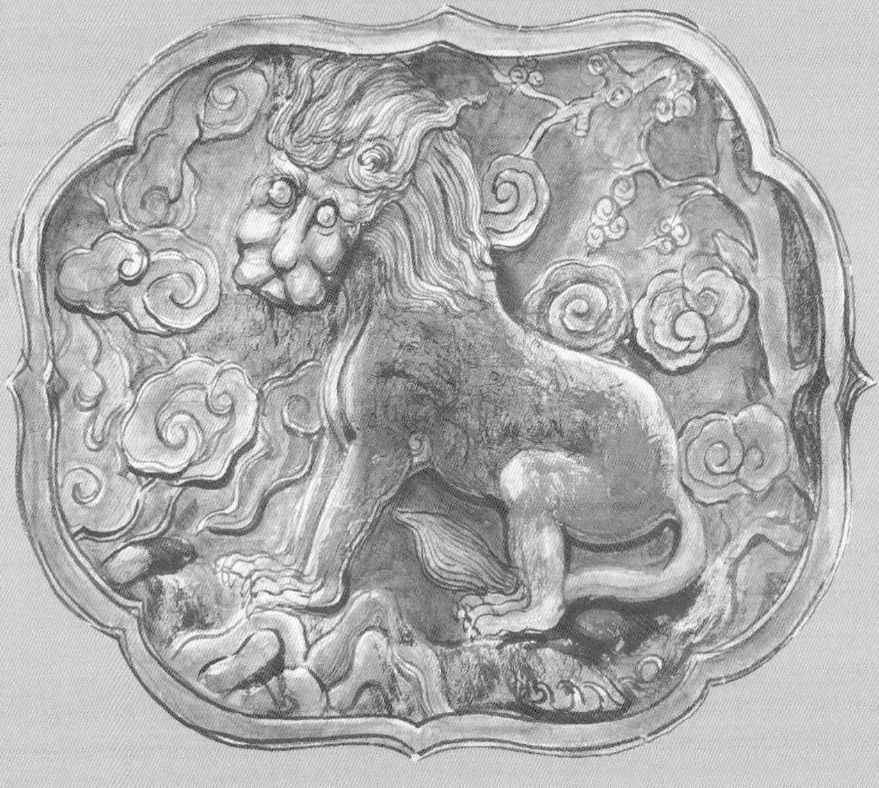

后　记

想画北京的神兽，是20多年前的事情了。

20年前，女儿刚刚出生，伴随着孩子长大的玩具不只是皮卡丘，也不只是奥特曼，而是遍布北京街头的石狮子。姥姥家在南锣鼓巷，平时无论小孩多哭闹，只要说带着看"大狮狮"，孩子一定破涕为笑。还不会走路的她每次在童车里都要抱抱、摸摸"大狮狮"，甚至要求摸摸"大狮狮"口里的石球。

北京是一个最不缺"狮子"的城市，三千多条胡同里、大小宅门的门墩上都有"狮子"。南锣鼓巷是旧北京官宦集中的腹地，东有大总统府高大的汉白玉狮子，西有末代皇后婉容的府邸，就连姥姥家胡同西索额图家的花园门口，都有一对清代的大狮子。小朋友每天去"摸狮子"成了家常便饭，也成就了我想整理出北京这些石雕，画画北京这些神兽的初衷。

在媒体工作多年，自己喜欢拍的东西还是遍布京城的这些汇集元、明、清时代的石雕、木雕、砖雕、青铜神兽，它们在古老的北京隐喻着祛邪、避灾、祈福、祥瑞。

北京的坛庙、故宫、皇家园林、民间信仰图腾……这些代表祥瑞的神兽汇集在帝都的各个角落，这些神兽在中国古文明发展史中占据着重要地位。祥瑞在中国人心里是一个"高大上"的词。世间不是每一种动物都能在紫禁城里谋得一席之地。故宫不同方位建筑群里的祥禽瑞兽，不仅为帝王镇宅化煞、驱邪迎祥，几百年来也用同样姿势，执着地期盼那金瓯永固、福寿延年的永恒。

在紫禁城里的那些垂兽、脊兽、吞兽，别说想搞明白，恐怕连叫上名字都不易。光把太和殿垂脊上的骑凤仙人和龙、凤、狮子、海马、天马、押鱼、狻猊、獬豸、斗牛、行什十个排序的神兽弄清楚，就要花费大量的时间和精力。这些在600年宫殿上的神兽是中国人心目中的依靠，人们期盼着它们带来国泰民安的福祉。

祥瑞是与生活息息相关的神灵，在中国上古神兽中，光龙的种类就多得眼花缭乱，再加上殿堂里"太平有象"、甪端、谛听等一大堆神兽混在一起，想弄清楚就更麻烦了。什么地方摆放了什么神兽，寓意代表什么？背后的故事如何？都是要花费大量时间去研究与佐证的。

2018年底出版《年味儿》画集，热乎劲儿还没过去，我马上就要投入新的选题"祥瑞中国"系列当中。随着素材的积累，几条写作提纲也浮出水面。"御用的尊严""太平的盛世""金木水火土""民间的信奉""运河与神灵""残缺依然美"，一系列遍布京城的神兽粗粗算下来应绘百幅之多，工作量之巨大、路程之遥远都是前所未有的挑战。

画祥瑞神兽，最大难度是必须亲眼所见，哪怕残缺不全，都必须按照现实还原画，也是希望未来读者能按图索骥找到最接近历史真实的神兽。

通州张家湾金代水系，萧太后河中的镇水神兽蚣蝮，千年风雨中凝视着河水流淌的神态；乾隆为在京圆寂的六世班禅紧急修造的清净化城塔，八只护塔藏传佛教神兽，北京唯一幸存下来的铜仙承露台等众多散落在北京犄角旮旯的艺术雕刻，是北京文化遗产的重要组成部分。古都北京的物质遗产与文化传承同样重要，为了清晰再现神兽，往往需要多次细细观察，查找数百年中国艺术瑰宝史料，才能落笔。

书中160余幅画作把北京中轴线及运河水系代表性的神兽的真实现状还原了出来。将它们厚重的历史典故编绘成册，唤起更多人关注中国的神兽文化，关注古都的文物保护与文化传承，是本书的初衷。

本书的创作过程得到了很多对北京怀着无限热爱的同仁极大支持与帮助，在此特别感谢于殿利、安晓露、郝建杰老师，著名书法家刘俊京、米南阳、唐龙、马煜、王旭红，篆刻家薛连清、陈晨，中央电视台科教频道李扬琛，北京故宫博物院副研究员徐国鑫，北京首都博物馆副研究馆员程旭，北京石刻艺术博物馆研究员王小静，北京市白塔寺管理处副研究员赵梅，西黄寺郭秦雨，五塔寺志愿者穆晨晨、舒童，北京文物爱好者刘霞、高申，昌平区大运河白浮泉遗址管理中心叶建伟，以及徐龙、张志勇、肖左钢、娄旭等朋友，还有东城区委宣传部、东城区政协文史委员会、东城区文化艺术联合会、朝阳区宣传文化中心、北京京城非遗人才创新发展联盟等部门，感谢您们给予了大力支持与帮助。叩拜！

杨信　杨惠泽仪

2021 年 10 月 28 日

于北京顺天府　京味斋

祥瑞中国

辛丑岁秋吉日 马煜书

感谢著名书法家马煜、王旭红、唐龙对本书出版的大力支持

祥瑞中國

辛丑旭紅書

祥瑞中国

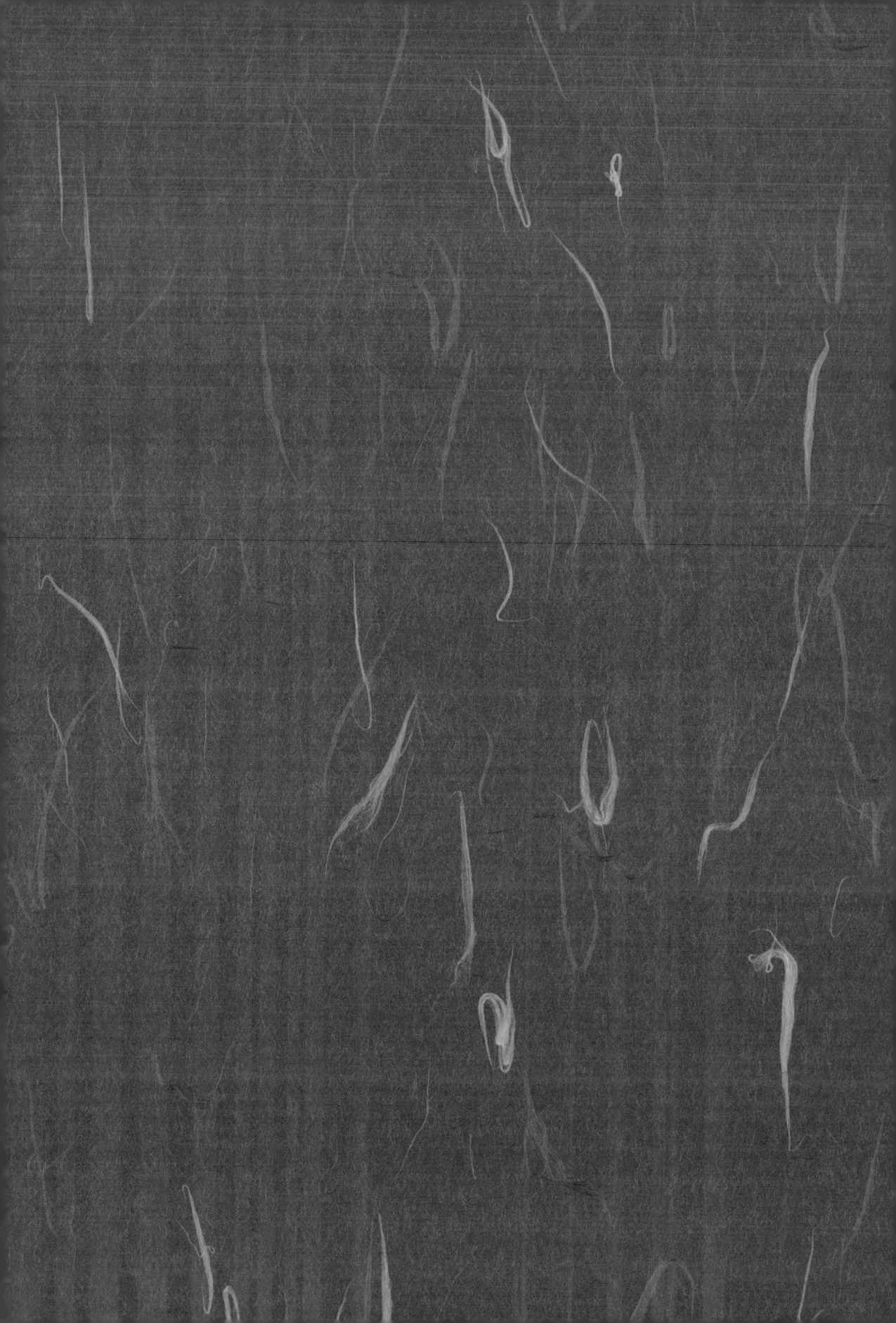